Aus Omas
Küche

Traditionsreiche Rezepte wiederentdeckt –
so schmeckt's wie früher

Text | Fotos
Reinhardt Hess | Klaus-Maria Einwanger

Brotzeit & Vesper 18

Salate, Suppen & Eintöpfe 36

Mit Fisch, Fleisch & Geflügel 58

Gemüse, Nudeln & Beilagen 86

Nachtische, Gebäck & Getränke 104

Titelbild
Den auf dem Titel abgebildeten »Rollbraten« finden Sie auf Seite 79.

INHALTSVERZEICHNIS

Service 4

Omas Küche neu entdecken 5
Das wichtigste Handwerkszeug 7
Großmutters Gemüsesorten 8
Die klassischen Küchenkräuter 11
Kartoffeln, Nudeln & Reis 13
Wurst & Schinken 15
Minirezepte für klassische Würzen 16

Register 122
Impressum 128

Brotzeit & Vesper 18

Aufs Brot 21
Deftig-kräftig 27
Ofenfrisch 28
Auch fein als Vorspeise 31

Salate, Suppen & Eintöpfe 36

Salate – Gemüse fein angemacht 39
Salate mit Kartoffeln 43
Salate mit Wurst und Eiern 45
Suppen glasklar 47
Suppen randvoll Gemüse 51
Suppen fangfrisch 52
Eintöpfe zum Sattessen 55

Mit Fisch, Fleisch & Geflügel 58

Fisch in Sauce und Sud 61
Fisch knusprig gebraten 63
Fisch rund gemacht 65
Hackfleisch gut in Form 67
Fleisch gefüllt und gerollt 71
Fleisch – edle Stücke 72
Fleisch sanft geschmort 75
Festtagsschmaus mit Fleisch 77
Festtagsschmaus mit Geflügel 83

Gemüse, Nudeln & Beilagen 86

Gemüse bunt gemischt 89
Gemüse deftig kombiniert 92
Gemüse lecker eingehüllt 95
Nudeln von dick bis dünn 97
Alles Kartoffel 101

Nachtische, Gebäck & Getränke 104

Schön fruchtig 107
Mit Quark 111
Pudding 113
Heiß aus der Pfanne 115
Feine Kuchen 117
Getränke sommerfrisch 118
Getränke winterwarm 121

Omas Küche neu entdecken

Zum Vergessen zu schade: genussvolles Vorbereiten und Kochen!

Der Speiseplan unserer Großeltern war gar nicht so langweilig, wie man glauben könnte. Zwar gab es kaum Auberginen, Paprikaschoten und Zucchini, die heute in jedem Supermarkt ganzjährig die Gemüseabteilung füllen. Dafür kam frisches, aromatisches Gemüse vom Feld auf den Tisch. Selbst ein simpler Eintopf schmeckte damit unvergleichlich gut. Statt Instant-Fertiggerichten wurde ein Wochenplan aufgestellt, Hülsenfrüchte rechtzeitig eingeweicht und aus Knochen Brühe gekocht.

Was uns heute als Zeitverschwendung vorkommen mag, war für Oma eine Notwendigkeit und ein wichtiger Teil ihrer täglichen Arbeit. Dafür konnte sie auch glücklich strahlen, wenn ihr Essen gelobt wurde. Schließlich hatte sie ihre ganze Aufmerksamkeit und Liebe hineingepackt. Und das schmeckte man! Die Zeit lässt sich nicht zurückdrehen, aber es wäre nicht schlecht, sich auf den Wert eines guten, gesunden und saisonorientierten Essens zu besinnen.

Beste Zutaten waren schon immer wichtig. Welke Salate und vertrocknete Möhren ließ Großmutter links liegen. Und wenn ihr ein Metzger ein zähes Stück Fleisch verkaufte, beschwerte sie sich beim nächsten Mal. Sie kochte preisbewusst und verstand es meisterhaft, aus (oft eingeplanten) Resten neue Gerichte zu zaubern. Weggeworfen wurde so gut wie nichts! Und gerade die Resteessen hatten für viele das Zeug zur Leibspeise.

Nehmen Sie sich auch wieder einmal Zeit zum Kochen und Genießen – schlendern Sie über einen Wochenmarkt oder suchen Sie einen Dorfladen in der Nähe. Entdecken Sie einen guten Metzger, der außer Steaks und Schnitzel auch preiswerte Stücke im Angebot hat. Finden Sie einen Fischhändler, der nicht nur Kabeljau- und Goldbarschfilet, sondern auch ganze Fische mit glänzenden Augen und feuchter Haut anbietet und unter gestoßenem Eis fachgerecht präsentiert.

Großmutters Rezepte brauchen ihre Zeit. Aber es macht Spaß, in Ruhe die Vorbereitungen zu treffen. Legen Sie sich alles Nötige bereit und bereiten Sie Obst, Gemüse und Kräuter mit Ruhe und Sorgfalt vor. Manches lässt sich am Abend vorher erledigen und wartet in Folie verpackt im Kühlschrank auf seinen Einsatz. Sie werden sehen, das kann entspannender sein als ein langweiliger Film im Fernsehen. Drehen Sie beim Anbraten und Kochen mal die Hitze kleiner: Beim sanften Schmoren oder Dünsten entstehen viel würzigere Aromen als beim schnellen Brutzeln.

Versäumen Sie außerdem nicht, das Essen schön anzurichten. Ein liebevoll gedeckter Tisch, ein paar frische Kräuter über das Gericht gestreut, ein Körbchen mit knusprigem Brot dazu gestellt – so wird auch aus einem einfachen Gericht ein Festmahl. Und genießen Sie es in Ruhe, so wie es Oma und Opa taten!

Das wichtigste Handwerkszeug

1 | Küchenmesser

Omas Messer waren noch aus Eisen, rosteten und mussten oft geputzt werden. Dafür waren sie scharf. Gute rostfreie und scharfe Messer sind leichter zu pflegen, aber auch teuer. Wenige genügen: ein kleines Gemüsemesser zum Putzen, Schälen und Zerteilen, ein großes Kochmesser mit breiter Klinge zum Schneiden von Gemüse und Fleisch und zum Hacken von Kräutern. Mit der breiten Klinge lässt sich auch das Zerkleinerte leicht in den Topf bugsieren. Dazu brauchen Sie einen Sparschäler für Kartoffeln und Wurzelgemüse und ein Brotmesser mit gezackter Klinge, mit der sich auch Tomaten zerkleinern lassen.

2 | Gemüseraspel

Zum Hobeln von Kraut, zum groben Zerkleinern von festem Wurzelgemüse und zum Reiben von Käse, Zitronenschale und Meerrettich ist eine eckige Raspel mit unterschiedlichen Reibflächen praktisch. Gibt es preiswert aus Blech und superteuer aus scharf gezähntem Edelstahl. Dazu sollte eine Muskatreibe nie fehlen.

3 | Fleischwolf

Früher war er oft in Gebrauch: der stabile Zerkleinerer aus Eisen (solche aus Kunststoff taugen nichts), mit dem Hackfleisch samt eingeweichter Semmel und grob zerkleinerter Zwiebel durchgedreht werden konnte. Oder derbes Blattgemüse wie Wirsing und Grünkohl zu Püree wurde. Der Vorsatz für Spritzgebäck kam für die Weihnachtsbäckerei zum Einsatz.

4 | Passiersieb

Unverzichtbar für glatte Suppen, Saucen und Gemüsepürees. Hält auch faserige Gemüseteile zurück. Am einfachsten zu handhaben ist ein Sieb mit Kurbel, auch »Flotte Lotte« genannt. Etwas mühsamer ist die Arbeit mit einem Spitzsieb und passendem Stößel oder mit einem Haarsieb und einem Spatel. Dafür lassen sich diese Siebe auch anderweitig verwenden, zum Beispiel zum Abgießen von Nudeln, zum Sieben von Mehl oder Puderzucker.

5 | Entkerner

Zum Ausstechen des Kerngehäuses von Äpfeln oder Birnen gibt es zylinderförmige Bohrgeräte, mit denen sich auch aus festen Gemüsesorten nette Formen ausstechen lassen. Mit einem Kugelausstecher lassen sich ebenfalls aus Kartoffeln und Möhren hübsche Formen ausbohren. Mit einem Buntmesser schneiden Sie gegartes Wurzelgemüse in dekorative gezackte Scheiben.

6 | Mörser und Mühle

Zum Zerkleinern von Gewürzen sollte immer ein Mörser oder eine Gewürzmühle zur Hand sein. Nur frisch gemahlen entfalten die meisten Gewürze ihr feines Aroma, bei fertig gekauftem Pulver verfliegen Duft und Aroma in kurzer Zeit. Am besten ist ein Mörser aus Marmor oder Stein mit einem Stößel aus dem gleichen Material. Eine Gewürzmühle ist ebenso geeignet für nicht zu ölhaltige Samen. Bei Kümmel, Fenchel und Anis am besten etwas grobes Meersalz mitmahlen, das das Öl aufnimmt.

Großmutters Gemüsesorten

1 | Kohl

Zarter junger Kohl gehört im Sommer zu den feinen Gemüsen, im Winter ist er eher derb. Neben Weiß- und Rotkohl ist Wirsing sehr geschätzt: Die äußeren Blätter eignen sich gut für Kohlrouladen, das zarte Herz ist kurz gedünstet am besten. Grünkohl wird wie Rübstiel, Stielmus oder Schnittkohl im Norden gerne gegessen, Spitzkohl ist im Süden beliebt.

2 | Lauch

Auch Porree genannt, gehört wie die Lauch- oder Frühlingszwiebeln zu den Zwiebelpflanzen. Am zartesten ist der frühe Sommerlauch mit langem, hellem Schaft. Die Wintersorten sind dicker und schärfer im Geschmack. Lauch schmeckt gedünstet und gekocht und gehört als Würze in viele Suppen.

3 | Mangold

Gemüse mit zwei Gesichtern: Die dunkelgrünen Blätter schmecken herzhaft, die weißen, gelben oder roten Stiele zart-aromatisch. Großmutter bereitete beide getrennt zu, die Stiele wurden abgezogen, überbrüht und in heller Sauce gegart. Die grünen Blätter lassen sich wie Spinat zubereiten.

4 | Rosenkohl

Typisches Wintergemüse, auch Rosenwirsing, Sprossenkohl oder Kohlsprossen genannt. Gab es früher als längliche, lockere Röschen, heute findet man fast nur die rundlichen, festen Kohlsprossen. Damit sie gleichmäßig garen, die Strünke kreuzweise einschneiden. Am besten kurz überbrühen, dann in wenig Wasser dünsten.

5 | Rüben

Früher waren sie ein Grundnahrungsmittel, von den deftigen Steckrüben mit süßlich-herbem Geschmack über Pastinaken und Möhren oder gelben Rüben zu den feinen Teltower Rübchen. Mairüben (Navetten) schmecken kräftig mit zartem Rettichgeschmack. Am verbreitetsten ist Kohlrabi.

6 | Schwarzwurzeln

Der Bauern- oder Winterspargel war lange Zeit fast vergessen, nun ist er wieder häufiger zu finden. Unter der schwarzen Schale verbirgt sich ein weißer Kern, der allerdings einen klebrigen, braun färbenden Saft abgibt. Daher beim Schälen Gummihandschuhe anziehen und die Stangen gleich in kaltes Essigwasser legen. Die Wurzeln sind in 15–20 Min. gar.

7 | Topinambur

Diese stärkehaltige Knolle stammt zwar aus Brasilien, war aber lange Zeit ein geschätztes Gemüse, bis sie von der Kartoffel verdrängt wurde. Heute wird die lange vergessene spindelförmige Wurzel wieder häufiger angeboten. Größere Knollen schälen, bei kleinen kann die Haut mitgegessen werden. Am besten 10 Min. in wenig Wasser dünsten.

Die klassischen Küchenkräuter

1 | Beifuß

Auch Gänsekraut, weil es gut zu fettem Geflügel passt. Das wermutähnliche Aroma und die Bitterstoffe regen die Verdauung an. Beifuß wächst auf Wiesen und an Wegrändern. Als Gewürz nimmt man die getrockneten Blütenrispen.

2 | Bohnenkraut

Auch Pfefferkraut und Wurstkraut, würzt vor allem deftige Gerichte wie Bohnen und Gemüsetöpfe und macht Fettes leichter verdaulich. Ist auch getrocknet sehr würzkräftig und wird immer mitgekocht. Frisches auch sparsam roh zu verwenden.

3 | Borretsch

Der Name Gurkenkraut verrät, wozu es am besten schmeckt: es ist das klassische Gurkengewürz, passt aber auch an Quark, Salate und grüne Saucen. Nie mitkochen, er verliert Geschmack! Mit den lilafarbenen Blüten lässt sich schön dekorieren.

4 | Dill

Sein unverkennbarer Duft gibt Fisch, Gemüse und Salaten den rechten Pfiff. Die Samen (Dillsaat) braucht man zum Einlegen von Gurken und als Brotgewürz. Frischen Dill erst zum Schluss an die Gerichte geben, die Samen können mitgekocht werden. Getrockneter Dill hat fast kein Aroma.

5 | Kerbel

Das typische Frühjahrskräutlein, das nicht nur Salate und Saucen, sondern auch Fisch und Geflügel anisähnlich würzt. Für Kräutersuppen nur die Stängel mitkochen, die Blättchen zum Schluss zugeben, sonst verlieren sie ihren Duft.

6 | Liebstöckel

Großmutter nannte es »Maggikraut« und gab an jede Suppe und viele Schmorgerichte ein Zweiglein davon. Liebstöckel darf mitkochen, würzt intensiv und aromatisch.

7 | Petersilie

Das Kraut wuchs einst in jedem Garten, vor allem die krause Version, und kam an Salate, Quark, Gemüse, Fisch und in Kräuterbutter. Glatte Petersilie würzt aromatischer, die krause Petersilie sieht als Deko auf kalten Platten hübsch aus.

8 | Quendel (Feldthymian)

Wächst bei uns auf mageren, trockenen Böden und blüht ab Mai mit zart violetten Blüten. Sein Aroma ist intensiver und vielschichtiger als das des herkömmlichen Thymians. Wurde schon von Hildegard von Bingen geschätzt.

9 | Schnittlauch

Das magenstärkende Gewürz wird nur roh und in feine Röllchen geschnitten an Salate, Frischkäse und Quark, kalte Saucen und an Kräuterbutter gegeben. Außerdem lässt sich mit den Röllchen oder ganzen Halmen schön dekorieren.

Kartoffeln, Nudeln & Reis

So viel Auswahl wie heute gab es früher nicht, aber dafür kannte Oma noch für jeden Zweck die passende Sorte!

In schlechten Zeiten waren oft Pellkartoffeln mit einer Einbrennsauce oder Stippe die ganze Mahlzeit. Kein Wunder, dass sie etwas abfällig als Sättigungsbeilage angesehen wurden. Im Süden mochte man sowieso Kartoffeln erst dann, wenn sie durch ein Schwein hindurch gegangen waren. Heute sind die ehemaligen Beilagen öfter Mittelpunkt eines Essens.

Kartoffeln: Je nach Erntezeitpunkt werden Frühkartoffeln, mittelfrühe und Spätkartoffeln unterschieden. Die ersten neuen Kartoffeln gibt es bereits Ende März aus südlichen Ländern, die späten ab Mitte September. Je später die Ernte, desto dicker die Schale und desto länger sind die Knollen haltbar. Frühkartoffeln müssen für Pellkartoffeln nicht geschält werden, kräftiges Bürsten unter fließendem Wasser genügt.

Salatkartoffeln werden auch festkochend genannt, enthalten weniger Stärke als andere Sorten und garen fest, feinkörnig und »speckig« – ideal für Kartoffelsalat, Pellkartoffeln, Salzkartoffeln und für Aufläufe. Die Sorten heißen zum Beispiel Bamberger Hörnle, Cilena, Hansa, Selma oder Sieglinde.

Vorwiegend festkochende Kartoffeln sind nach dem Kochen weniger feinkörnig und nicht so fest. Universalkartoffeln für Salz-, Pell- und Bratkartoffeln, auch für Eintöpfe geeignet. Sorten: Arkula, Christa, Granola, Quarta. Auch die rotschaligen Sorten wie Desirée und Laura gehören zu diesem Typ.

Mehligkochende Kartoffeln brauchen Sie für Knödel, Klöße, Püree, Kartoffelpuffer, Suppen und Eintöpfe. Sie garen locker und trocken, im Handel findet man sie unter den Namen Adretta, Bintje, Irmgard, Likaria und Maritta.

Nudeln: Früher gab es nur wenige Sorten zu kaufen, denn Großmutter machte die Nudeln noch selbst, mit Nudelholz oder Spätzleschaber. Nur Bandnudeln, Makkaroni und Suppennudeln gab es in der Tüte. Wobei Kinder besonders die Buchstabennudeln in der Suppe schätzten. Und die Makkaroni, mit denen man lautstark die Sauce aufschlürfen konnte.

Reis wurde nicht so oft wie heute als Beilage serviert, sondern reicherte meist klare Suppen an. Oder es wurde Reisfleisch gekocht, ein pikantes Schweinegulasch mit reichlich Zwiebeln, in dem zum Schluss Langkornreis mitgarte. Aber noch lieber mochte Großmutter den Rundkornreis, der als Milchreis am Rand des Herds in Ruhe ausquellen konnte und dick mit Zucker und Zimt bestreut eine herrliche Süßspeise ergab. Den körnigen Parboiled-Reis, der aus Amerika zu uns kam, schätzte sie weniger, denn er kochte früher eher gummiartig.

Wurst & Schinken

1 | Brühwürste

Stadtwurst, Jagdwurst, Bierschinken, Regensburger, Pfälzer, Wiener etc. gehören dazu. Dafür wird vor allem Schweinefleisch grob oder fein zerkleinert, in Wurstdarm gefüllt und in heißem Wasser gebrüht. Schmecken am besten frisch für Brotzeiten, Wurstsalate und in Eintöpfen.

2 | Rohwürste

Hierfür wird rohes Fleisch mit Speck zerkleinert, gewürzt und in Wurstdärme gefüllt, geräuchert und luftgetrocknet. So entstehen sehr haltbare Wurstsorten wie Cervelat, Plockwurst, Landjäger und Mettenden. Schmecken als Wanderverpflegung und in Eintöpfen und Grünkohl.

3 | Kochwürste

Bei Leber- und Blutwürsten, Presssack, Zungen- und Rotwürsten werden die Zutaten erst gekocht, dann verwurstet. Für Brotzeiten, Wurstsalate oder warm auf Sauerkraut. Oft schließt sich noch ein Räucher- und Trocknungsprozess an, dann sind sie auch zum Braten geeignet.

4 | Pökelfleisch

Ob Schweinefleisch, Zunge oder Rinderbrust – früher wurde frisches Fleisch mit Salz und Salpeter (die Mischung heißt Pökelsalz) haltbar gemacht, oft leicht geräuchert und ergab so eine würzige Zutat für Eintopfgerichte, Kohl und Sauerkraut. Am bekanntesten sind Kasseler, Eisbein und Pökelrippchen.

5 | Roher Schinken

Traditionell aus der Hinterkeule des Schweins durch Pökeln und Trocknen oder Räuchern hergestellt. Je nach Gewürzen und Räucherholz entstehen unterschiedliche Aromen. Es gibt unzählige regionale Spezialitäten, die zu Vesper und Brotzeit oder in Suppen und Eintöpfen schmecken.

6 | Gekochter Schinken

Ursprünglich ebenfalls aus der Schweinekeule durch Pökeln, eventuell kurzes Räuchern und anschließendes Kochen in Salzwasser hergestellt. Prima zu Spargel oder warm zu Kartoffelsalat. Vorderschinken ist grobfaseriges Pressfleisch aus verschiedenen Fleischteilen. Rindersaftschinken wird ein Kochschinken aus der Rinderkeule genannt.

7 | Speck

Wird aus dem fetten Rücken- oder fleischdurchzogenen Bauchspeck des Schweins gewonnen. Wichtigste Zutat in Omas Küche: fetter Speck wurde zu Schmalz ausgelassen, durchwachsener Speck (Dörrfleisch, Wammerl) diente als Geschmacksgeber und preiswerte Fleischeinlage in Eintöpfen, Gemüse- und Hülsenfruchtgerichten.

Bähbrot

knusprige Einlage für klare Brühen und cremige Suppen

Für 4 Portionen von **2 Semmeln** vom Vortag (sie sollen hart, aber noch zu schneiden sein) die Kruste rundum dünn abschneiden, erst in 1 cm dicke Scheiben, dann in Würfel schneiden. In einem Töpfchen **2 EL Butter** erhitzen, die Semmelwürfel bei mittlerer Hitze unter ständigem Wenden in 5–7 Min. rundum nussbraun rösten. Vom Herd nehmen, einen Hauch frisch geriebene **Muskatnuss** über das Bähbrot reiben und die heißen Würfelchen sofort über die Brühe oder die Suppe streuen, dabei soll es richtig zischen. Gleich servieren, ehe sie durchweichen.

Siebengewürz

… für Braten, Gulasch, Ragouts und dunkle Saucen

Für 8 Portionen **2 Lorbeerblätter** zerbröseln, mit **2 TL Pfefferkörnern, 1/2 TL Pimentkörnern** und **4 Gewürznelken** im Mörser zerstoßen. **1 EL grobes Salz** dazugeben, weiter zerreiben. **2 TL getrockneten Quendel** (Feldthymian) und **1 TL getrockneten Rosmarin** zugeben, nur grob zerkleinern. **2 EL mildes Paprikapulver** untermischen. In ein dunkles Schraubdeckelglas füllen und kühl und trocken aufbewahren. Fleisch damit würzen oder in Saucen mitgaren, Gulasch zusätzlich mit scharfem Paprikapulver und gemahlenem Kümmel abschmecken.

Salzgemüse

fixe Würze, immer zur Hand

Für 8 Portionen (ca. 250 ml) **1 Zwiebel, 2 kleine Möhren** und ca. **150 g Sellerieknolle** schälen und winzig klein würfeln. **2 Zweige glatte Petersilie** und **1 Zweig Liebstöckel**, nach Belieben auch **1 Zweig Selleriegrün** waschen, trocken schütteln und sehr fein hacken. Das Gemüse und die Kräuter in eine Schüssel geben, mit ca. **3 EL feinem Salz** bestreuen und gründlich vermischen. In ein Schraubdeckelglas füllen. Hält sich im Kühlschrank mind. 3 Monate. Zur Verwendung kurz abspülen und in Fett anschmoren. Oder ohne Abspülen mitgaren (dann wird kaum weiteres Salz benötigt).

Meerrettichsahne

Passt zu Räucherfisch, Schnitzeln und Hacksteaks.

Für 4 Personen **100 g Meerrettichwurzel** schälen und mit einer Gemüsereibe fein raspeln (oder würfeln und im Blitzhacker fein zerkleinern). Sofort mit ca. **2 TL frisch gepresstem Zitronensaft** vermischen, so dass er nicht braun wird. **200 g gut gekühlte Sahne** mit 1 guten **Prise Salz** steif schlagen, den Meerrettich untermischen und mit **Salz** und **weißem Pfeffer** abschmecken. Für **Apfelmeerrettich** (Apfelkren) statt Sahne 2 säuerliche Äpfel mit Zitronensaft und geriebenem Meerrettich vermischen und bis zum Servieren zugedeckt in den Kühlschrank stellen.

Mayonnaise

So gelingt sie garantiert und kinderleicht.

Für 4–6 Personen (ca. 300 ml) **2 ganz frische Eigelbe** mit 1 guten **Prise Salz, 1 TL Senf** und **3 TL Weißweinessig** in einem Mixbecher mit dem Pürierstab kurz anmixen. Bei laufendem Gerät langsam ca. **200 ml neutrales Pflanzenöl** zugießen, bis die Mayonnaise dick genug ist.
Für eine **leichtere Salatmayonnaise** noch ca. 75 g stichfesten Joghurt untermischen, mit Salz abschmecken. In ein Schraubglas füllen. Hält sich im Kühlschrank ca. 1 Woche.

Tipps aus Omas Kochkiste
Alle Zutaten sollten unbedingt **Zimmertemperatur** haben. Gerinnt die Mayonnaise dennoch, ein paar Tropfen Wasser untermixen.

Nussbutter

Gibt Gemüse, Kartoffeln und Püree ein nussiges Aroma.

Für ca. 200 g **250 g frische Butterstücke** in einen Topf geben und bei schwacher bis mittlerer Hitze langsam zerlassen, dabei öfter umrühren. Ca. 10 Min. sanft brutzeln lassen, bis sich die weiße Molke darin abgesetzt hat und hell-nussbraun wird, dabei kräftig rühren. Die fertige Nussbutter in ein Schraubdeckelglas füllen und abkühlen lassen. Sobald die Butter fester wird, noch einmal kräftig durchrühren, damit die gebräunten Eiweißflöckchen gleichmäßig verteilt werden. Das Glas verschließen. Hält sich im Kühlschrank mindestens 8 Wochen.

Brotzeit & Vesper

Ob am Vormittag oder am Nachmittag – Zeit für einen Imbiss muss schon sein. Brot, Wurst und Käse oder auch Fisch sorgen für angenehme Unterbrechungen ...

Für 4 Personen

500 g trockener Quark
(20 % Fett)
125 g weiche Butter
1 kleine Zwiebel
1 Knoblauchzehe
2 TL scharfer Senf
1 TL Kümmel
Salz | Pfeffer
1 Bund Schnittlauch
1 EL edelsüßes Paprikapulver

Liptauer Käse

würzig-pikant | *im Bild links*
Zubereitung: ca. 30 Min. | *Pro Portion: ca. 385 kcal*

1 Vom Quark eventuell die Flüssigkeit abgießen. Den Quark in eine Schüssel füllen und mit der Butter verrühren. Die Zwiebel und die Knoblauchzehe schälen, sehr klein würfeln und mit dem Senf untermischen. Den Kümmel fein hacken oder mit der Gewürzmühle zerkleinern, zum Quark geben und mit Salz und Pfeffer abschmecken. Abgedeckt in den Kühlschrank stellen.

2 Den Schnittlauch waschen, trocken schütteln, in feine Röllchen schneiden und auf einen Teller geben. Das Paprikapulver auf einen zweiten Teller streuen.

3 Den Liptauer Käse zu gut walnussgroßen Kugeln formen. Die Hälfte der Kugeln im Schnittlauch, die andere Hälfte im Paprikapulver wälzen. Die Kugeln auf einer Platte anrichten und mit Bauernbrot servieren.

aufs Brot | BROTZEIT & VESPER

Bayerischer Obatzda

Biergarten-Käsecreme | *Zubereitung: ca. 25 Min.*
Marinieren: 2–3 Std. | *Pro Portion: ca. 425 kcal*

Für 4 Personen

250 g reifer bayerischer Camembert (45 % Fett)
125 g weiche Butter | 1 Zwiebel
2 TL Kümmel | 2 TL edelsüßes Paprikapulver
1/2 TL rosenscharfes Paprikapulver | Salz
Pfeffer | 1–2 EL helles Bier (nach Belieben)
1 EL Schnittlauchröllchen

1 Den Camembert (er soll gut durchgereift sein, darf aber noch keine braunen Stellen haben) entrinden, in Stücke schneiden und mit einer Gabel zerdrücken. Die Butter glatt rühren und untermischen.

2 Die Zwiebel schälen und winzig klein würfeln oder auf einer Gemüsereibe fein raspeln, zur Käsemasse geben. Gut 1 TL Kümmel mahlen oder sehr fein hacken, mit dem übrigen Kümmel, beiden Paprikasorten, etwas Salz und reichlich Pfeffer unterrühren, nach Belieben das Bier untermischen.

3 Den »Obatzden« (Angebatzten) in eine Schüssel füllen und abgedeckt 2–3 Std. im Kühlschrank durchziehen lassen. Mit Schnittlauchröllchen bestreut servieren.

Clever servieren

Radieschen, knusprige **Brezen** (Laugenbrezeln) oder herzhaftes **Roggenbrot** und ein frisches **helles Bier** gehören unbedingt dazu!

Handkäs' »mit Musik«

schmeckt zum Apfelwein
Zubereitung: ca. 20 Min. | *Pro Portion: ca. 275 kcal*

Für 4 Personen

4 große Handkäse (Bauernhandkäse, Mainzer, je ca. 100 g) | 1 TL Kümmel
2 milde Zwiebeln | 3 EL Weißweinessig
2 EL trockener Weißwein | Salz | Pfeffer
6 EL neutrales Öl (Sonnenblumen- oder Rapsöl)
1 TL edelsüßes Paprikapulver

1 Die Handkäse in Schüsselchen oder auf kleinen tiefen Tellern anrichten und mit Kümmel bestreuen. Für die »Musik« die Zwiebeln schälen und nicht zu klein würfeln. In einer Schüssel den Essig mit Weißwein, Salz und Pfeffer verrühren, bis sich das Salz aufgelöst hat. Das Öl mit einer Gabel unterschlagen und die Zwiebelwürfel untermischen.

2 Die »Musik« über die Handkäse verteilen und das Paprikapulver darüberstreuen. Mit dunklem Bauernbrot, frischer Butter und Apfelwein oder herbem Riesling servieren.

Clever variieren

Pfälzer Großmütter servieren gern **Schwartenmagen »mit Musik«.** Dafür 500 g Schwartenmagen in dicken Scheiben auf tiefe Teller verteilen, mit der Zwiebel-Essig-Öl-Sauce übergießen und mit Paprika bestreuen. In Bayern heißt das gleiche Gericht »Presssack sauer«. So oder so – schmeckt gut mit Bratkartoffeln!

vorne: Bayerischer Obatzda | hinten: Handkäs' »mit Musik«

aufs Brot | BROTZEIT & VESPER

Herings-Häckerle

Klassiker neu entdeckt
Zubereitung: ca. 25 Min. | Pro Portion: ca. 340 kcal

Für 4 Personen

4 große Matjesfilets (à 65 g) | 1 milde weiße Zwiebel | 1 Frühlingszwiebel | 1 säuerlicher Apfel (z. B. Boskop, Gala) | 2 TL Zitronensaft
2 kleine Gewürzgurken | 1 EL mittelscharfer Senf | 1 EL Öl | 1 EL gehackte Petersilie
Salz | Pfeffer | 4 Scheiben Vollkornbrot
1 hart gekochtes Ei

1 Die Matjesfilets trocken tupfen und feinstückig hacken, in eine Schüssel füllen. Die Zwiebel schälen, die Frühlingszwiebel waschen und putzen. Beides fein hacken und untermischen. Den Apfel schälen, vierteln und das Kerngehäuse ausschneiden. Die Apfelviertel klein würfeln, mit Zitronensaft vermischen und zu den Matjes geben.

2 Die Gewürzgurken abtropfen lassen und hacken. Mit Senf, Öl und Petersilie unter das Herings-Häckerle mischen. Vorsichtig mit Salz, kräftig mit Pfeffer abschmecken.

3 Die Brotscheiben nach Belieben rund ausstechen, die Heringsmischung daraufhäufen. Das Ei pellen, in Scheiben schneiden und das Häckerle damit garnieren.

Clever servieren
Statt auf Brot können Sie das Herings-Häckerle auch in **ausgehöhlten Äpfeln** servieren.

Krabbenbrote

im Handumdrehen fertig
Zubereitung: ca. 20 Min. | Pro Portion: ca. 355 kcal

Für 4 Personen

4 Scheiben Vollkornbrot | 4 EL Butter
1 Zwiebel | 1 Bund Schnittlauch
6 Eier (Größe M) | Salz | Pfeffer
150 g geschälte Nordseekrabben
  (ersatzweise Eismeergarnelen)

1 Die Brotscheiben mit der Hälfte der Butter bestreichen. Die Zwiebel schälen und sehr fein hacken. Den Schnittlauch waschen, trocken schütteln und in Röllchen schneiden.

2 Die Eier mit etwas Salz und Pfeffer leicht verquirlen, aber nicht schaumig schlagen. Die restliche Butter in einer Pfanne erhitzen. Die Zwiebelwürfel darin bei schwacher bis mittlerer Hitze glasig dünsten. Die Krabben dazugeben, kurz in der Pfanne schwenken. Die Eier darübergießen und unter sanftem Rühren cremig stocken lassen.

3 Das Krabbenrührei auf die Brote verteilen und mit Schnittlauchröllchen bestreuen. Die Brote halbieren und warm servieren.

Clever tauschen
Statt der Nordseekrabben **8 Sardellen** (in Salzlake, aus dem Glas) kalt abspülen, trocken tupfen, grob zerschneiden und erst zum Schluss über das Rührei streuen. Die Brote nach Belieben noch mit kleinen **Kapern** garnieren.

Hamburger Mettbrötchen

deftig | Zubereitung: ca. 30 Min. | Pro Portion: ca. 245 kcal

Für 4 Personen

400 g gut durchwachsenes Schweinefleisch (Nacken; ersatzweise frisches Schweinemett vom Metzger)
3 Zwiebeln
1 Knoblauchzehe
1 TL weiße Pfefferkörner
1 TL schwarze Pfefferkörner
3 Pimentkörner | Salz
4 Rundstücke (längliche Brötchen, Semmeln)
4 kleine Gewürzgurken
edelsüßes Paprikapulver

Außerdem:

Fleischwolf

1 Das Fleisch mit Küchenpapier trocken tupfen und in gulaschgroße Würfel schneiden, dabei Häutchen und Sehnen entfernen. 2 Zwiebeln und den Knoblauch schälen, grob hacken und zum Fleisch geben. Die Gewürzkörner im Mörser nicht zu fein zerdrücken, mit Salz untermischen. Die gewürzten Fleischwürfel durch den Fleischwolf drehen. Das Mett eventuell noch einmal mit Salz abschmecken.

2 Die Rundstücke aufschneiden und dick mit dem Mett bestreichen. Die Gewürzgurken in Scheiben schneiden und darauflegen. Die übrige Zwiebel schälen und in Ringe schneiden, auf die Brötchen verteilen und mit Paprikapulver bestreuen. Gleich servieren, Mett nicht aufheben, weil es schnell verdirbt.

Clever variieren

Auf Berlinerisch heißt das Mett **»Hackepeter«** und besteht aus magerem Schweinefleisch und fettem Schweinebauch. Statt mit Piment wird mit Kümmel gewürzt. Dort mag man auch gern Salzgurken auf dem Durchgedrehten.

aufs Brot | BROTZEIT & VESPER

Tatar mit pikanten Zutaten

schmeckt zum Bier | *Zubereitung: ca. 35 Min.* | *Pro Portion: ca. 260 kcal*

Für 4 Personen

400 g mageres Rindfleisch
ohne Sehnen | Salz
1 TL edelsüßes oder rosenscharfes Paprikapulver
2 hart gekochte Eier
4 Sardellenfilets (in Salzlake)
2 TL Kapern
10 grüne Oliven ohne Stein
2 große Zwiebeln
1 Bund Schnittlauch
4 ganz frische Eigelbe (Größe S)
grob gemahlener
   schwarzer Pfeffer

Außerdem:

Fleischwolf

1 Das Fleisch trocken tupfen, in Stücke schneiden und mit ca. 1 TL Salz und dem Paprikapulver vermischen. Durch den Fleischwolf drehen, abgedeckt in den Kühlschrank stellen.

2 Die Eier pellen und hacken. Die Sardellenfilets abspülen und trocken tupfen. Die Kapern und die Oliven abtropfen lassen, die Oliven in Scheiben schneiden. Die Zwiebeln schälen und quer halbieren, aus der Mitte 4 dicke Ringe schneiden, den Rest hacken. Den Schnittlauch waschen, trocken schütteln und in feine Röllchen schneiden.

3 Das Tatar auf vier Teller verteilen. Jeweils in die Mitte mit einem Löffel eine Vertiefung drücken, einen dicken Zwiebelring daraufl egen und 1 Eigelb hineinsetzen. Darum herum die gehackten Eier, Zwiebeln, Schnittlauch und Olivenscheiben anrichten. Sardellenfilets zu Ringen formen und mit den Kapern füllen. Salz und grob gemahlenen Pfeffer auf den Tisch stellen. Jeder mischt sich das Tatar mit Eigelb und den pikanten Zutaten. Bauernbrot und Butter dazu reichen.

deftig-kräftig | BROTZEIT & VESPER

Tellersulz

bayerisch | *Zubereitung: ca. 30 Min.* | *Garen: 5 Std.*
Kühlen: 3 Std. | *Pro Portion: ca. 255 kcal*

Für 4 Personen

750 g frische Schweine-Vorderhaxe (Eisbein)
1 Schweinsfuß in Scheiben | Salz
ca. 3 EL Essigessenz | 1 Lorbeerblatt
1 TL Pfefferkörner | 4 Pimentkörner
2 Möhren | 75 g Sellerieknolle
1 Petersilienwurzel

1 Eisbein und Schweinsfuß waschen. In einem Topf mit ca. 1 l Wasser bedecken, salzen und zum Kochen bringen. Den Schaum abschöpfen. 2 EL Essigessenz, Lorbeerblatt und Gewürzkörner zugeben. Zugedeckt bei kleiner Hitze ca. 4 Std. garen. Das Wurzelgemüse waschen, putzen und schälen. In Scheiben schneiden, zum Fleisch geben und alles noch ca. 1 Std. weitergaren.

2 Das Fleisch herausheben und von den Knochen lösen. Samt Fett und Schwarten klein schneiden, mit dem Gemüse auf tiefe Teller verteilen. Die Brühe sehr kräftig mit restlicher Essigessenz und Salz abschmecken (sie muss fast überwürzt und essigsauer sein). Gewürze entfernen und die Brühe über Fleisch und Gemüse gießen. Abkühlen, dann in ca. 3 Std. im Kühlschrank erstarren lassen.

Clever servieren

Dazu **Roggenbrot** und **helles Bier** servieren. Das **Fett** auf der Tellersulz wird mit einem Messer abgeschabt und auf das Brot gestrichen.

Bauernfrühstück

würzig | *Zubereitung: ca. 1 Std.*
Ruhen: 12 Std. | *Pro Portion: ca. 315 kcal*

Für 4 Personen

700 g festkochende Kartoffeln | Salz
100 g gekochter Schinken ohne Fettrand
2 Zwiebeln | 30 g fetter Speck
2 EL Butter | 1 TL getrockneter Majoran
4 Eier (Größe M) | 3 EL Milch | Pfeffer
2 EL Schnittlauchröllchen

1 Am Vortag die Kartoffeln waschen und ungeschält in Salzwasser in ca. 30 Min. garen. Abgießen und ausdampfen lassen. Vollständig auskühlen und dann abgedeckt über Nacht ruhen lassen.

2 Zur Zubereitung die Kartoffeln pellen und in dicke Scheiben schneiden. Den Schinken fein würfeln. Die Zwiebeln schälen und hacken. Den fetten Speck klein würfeln.

3 Eine Pfanne mit den Speckwürfeln erhitzen und bei mittlerer Hitze ca. 5 Min. braten, bis der Speck honigbraun ist. Die Butter zugeben, die Kartoffelscheiben hineinlegen und anbraten. Dann unter häufigem Wenden in ca. 10 Min. rundum braun braten. Zuletzt die Zwiebelwürfel zugeben und 1–2 Min. mitbraten. Den Majoran darüberstreuen.

4 Eier mit Milch, Salz und Pfeffer verquirlen, Schinken und Schnittlauch untermischen und über die Kartoffeln gießen. Ein paar Mal umrühren, bis die Eier gerade gestockt sind, dann heiß mit Bauernbrot servieren.

oben: Tellersulz | unten: Bauernfrühstück

Pfälzer Flammekuchen

knusprig zu Wein | Zubereitung: ca. 35 Min. | Gehen: 1 Std. | Backen 25 Min. | Pro Portion: ca. 640 kcal

Für 4 Personen

Für den Teig:

300 g Mehl (Type 550)
Salz | 3 EL Butter
1/2 Päckchen Hefe (21 g)

Für den Belag:

200 g Zwiebeln
100 g durchwachsener Speck in Scheiben (Bacon)
200 g saure Sahne
100 g Sahnequark
2 Eier (Größe M) | Pfeffer
Muskatnuss, frisch gerieben

Außerdem:

Fett für das Blech
Mehl für die Arbeitsfläche

1 Das Mehl in einer Schüssel mit 1 TL Salz mischen, eine Mulde eindrücken. 2 EL Butter in 175 ml Wasser erwärmen, bis die Butter flüssig ist, dann auf Handwärme abkühlen lassen. Die Hefe darin auflösen, in die Mehlmulde gießen und alles zu einem glatten Teig vermischen. Gut kneten, den Teig abgedeckt ca. 1 Std. gehen lassen.

2 Inzwischen die Zwiebeln schälen und mit dem Speck in feine Streifen schneiden. Die restliche Butter in einer Pfanne erhitzen. Zwiebel- und Speckstreifen darin hell andünsten, vom Herd nehmen. Die saure Sahne mit dem Quark und den Eiern verrühren, die Speck-Zwiebeln untermischen, mit Salz, Pfeffer und Muskat würzen. Den Backofen auf 225° (Umluft 200°) vorheizen.

3 Den Teig auf der bemehlten Arbeitsfläche dünn ausrollen, auf ein gefettetes Backblech legen und einen kleinen Rand formen. Die Zwiebel-Sahnemischung auf den Teig streichen. Den Flammkuchen im heißen Ofen (Mitte) in ca. 25 Min. knusprig backen und sofort sehr heiß servieren.

ofenfrisch | BROTZEIT & VESPER

Baseler Käse-Wähe

herrlich würzig | Zubereitung: ca. 30 Min. | Backen: ca. 30 Min. | Pro Portion: ca. 600 kcal

Für 4 Personen

1 runde Blätterteigplatte (ca. 30 cm Ø); aus der Kühltheke)
250 g fester würziger Käse (z. B. Bergkäse)
1 Bund Frühlingszwiebeln
300 g saure Sahne
1 Ei (Größe M)
1 EL Kartoffelmehl
Pfeffer | Salz
1 EL Semmelbrösel

1. Die Blätterteigplatte entrollen und ausbreiten. Eine Springform (26 cm Ø) kalt ausspülen, nicht abtrocknen. Die Blätterteigplatte in die Form legen und rundherum einen kleinen Rand formen. Den Backofen auf 180° vorheizen.

2. Den Käse raspeln. Die Frühlingszwiebeln putzen, waschen und in feine Scheiben schneiden. Den Käse mit Frühlingszwiebeln, saurer Sahne, Ei und Kartoffelmehl vermischen. Mit Pfeffer und wenig Salz würzen.

3. Den Blätterteig mit den Semmelbröseln bestreuen, die Käsemasse daraufgeben und glatt verstreichen. Die Käse-Wähe im heißen Ofen (Mitte, Umluft 165°) ca. 30 Min. backen, bis sie schön gebräunt ist. Aus der Form lösen, in Stücke schneiden und heiß servieren.

Variante mit Fleisch

50 g Bündner Fleisch in feinen Streifen unter den Belag mischen und mit **1 Prise gemahlenen Fenchelsamen** würzen.

auch fein als Vorspeise | BROTZEIT & VESPER

Eingemachtes Kalbfleisch

aus Baden | *Zubereitung: ca. 45 Min.* | *Marinieren: ca. 12 Std.* | *Pro Portion: ca. 460 kcal*

Für 6 Personen

750 g Kalbfleisch (Nuss oder Lende)
1 Zwiebel | 2 Gewürznelken
1 Lorbeerblatt | 300 ml trockener Weißwein
1 EL Weißweinessig | 200 g kleine weiße
Champignons | Salz | Pfeffer | 2 EL Mehl
2 EL Butter | 6 fertige Blätterteig-Pastetchen
125 g Sahne | 1 Eigelb | 2 TL Zitronensaft
1 EL gehackte Petersilie

1 Am Vortag das Fleisch trocken tupfen, in ca. 1 cm große Würfel schneiden und in eine Schüssel legen. Die Zwiebel schälen, in feine Streifen schneiden und darüberstreuen. Die Nelken und das Lorbeerblatt zugeben, alles mit dem Wein und dem Essig übergießen. Zugedeckt ca. 12 Std. (am besten über Nacht) im Kühlschrank marinieren.

2 Zur Zubereitung das Fleisch aus der Marinade heben und gut abtropfen lassen. Die Champignons putzen und trocken abreiben, kleine ganz lassen, größere vierteln. Das Fleisch mit Küchenpapier trocken tupfen, salzen, pfeffern und in dem Mehl wenden.

3 Die Butter in einem Schmortopf zerlassen, das Fleisch darin bei mittlerer Hitze in ca. 7 Min. hell anbraten. Die Champignons zugeben und 2–3 Min. mitdünsten. Die Marinade durch ein feines Sieb dazugießen und alles zugedeckt bei schwacher Hitze 20 Min. sanft kochen lassen.

4 Inzwischen den Backofen auf 190° (Umluft 175°) vorheizen. Die Blätterteig-Pastetchen auf dem Blech im heißen Ofen (Mitte) in ca. 10 Min. knusprig aufbacken.

5 Die Sahne mit dem Eigelb verquirlen und unter die Sauce rühren. Mit Salz, Pfeffer und Zitronensaft abschmecken, alles noch 5 Min. bei schwacher Hitze offen ziehen, aber nicht kochen lassen. Kalbfleisch und Sauce in die Blätterteig-Pastetchen füllen, den Rest daneben angießen. Mit Petersilie bestreuen und heiß servieren.

Variante mit Kümmel

Für 6 Personen | 750 g **Kalbsschulter** (oder Schnitzelfleisch) würfeln, mit **Salz** und **Pfeffer** würzen, in **2 EL Mehl** wenden. **3 Zwiebeln** schälen und klein würfeln. Im Schmortopf **4 EL Butter** erhitzen, die Zwiebeln darin bei mittlerer Hitze in ca. 2 Min. hell anbraten. Die Fleischwürfel und **1 TL Kümmel** zugeben, alles in ca. 7 Min. hell anbraten. **300 g kleine Champignons** (aus der Dose) in einem Sieb abtropfen lassen, zugeben und **250 ml Fleischbrühe** angießen, zugedeckt bei schwacher Hitze ca. 10 Min. schmoren lassen. Nach Belieben **2 cl Kümmelschnaps** hinzufügen, mit Salz und Pfeffer abschmecken. In 6 knusprig aufgebackene **Blätterteig-Pastetchen** füllen und mit **Schnittlauchröllchen** bestreut servieren.

auch fein als Vorspeise | BROTZEIT & VESPER

Forellen-Terrine
mit Meerrettichsahne

macht was her | Zubereitung: ca. 45 Min. | Garen: ca. 45 Min. | Kühlen: ca. 3 Std. | Pro Portion: ca. 330 kcal

Für 6 Personen

500 g frische Forellenfilets
Salz
1/2 TL abgeriebene
  Bio-Zitronenschale
Muskatnuss, frisch gerieben
Pfeffer
3 Scheiben Toastbrot
  vom Vortag
4 EL Milch
1 kleine Zwiebel
2 EL Butter
2 Eiweiße
350 g kalte Sahne
3 EL fein geschnittener Dill
2 EL Meerrettich (frisch gerieben
  oder aus dem Glas)

Außerdem:

Kastenform (ca. 1 l Inhalt)
Butter für die Form

Clever servieren

Pro Portion eine kleine Hand voll **Feldsalat** putzen, gründlich waschen und abtropfen lassen. Durch eine leichte **Essig-Öl-Vinaigrette** ziehen und mit **Walnusskernen** zur Forellen-Terrine anrichten.

1 Die Forellenfilets kalt abwaschen, trocken tupfen und sorgfältig entgräten. 1 Filet leicht salzen und abgedeckt in den Kühlschrank stellen. Die restlichen Filets würfeln, mit der Zitronenschale, etwas Muskat, Salz und Pfeffer vermischen und ebenfalls kalt stellen. Das Toastbrot entrinden, zerpflücken und mit der Milch beträufeln.

2 Die Zwiebel schälen und sehr fein würfeln. Die Butter in einem Pfännchen zerlassen und die Zwiebel darin bei mittlerer Hitze glasig dünsten, abkühlen lassen. Die Fischwürfel mit dem eingeweichten Toastbrot und der Zwiebel im Mixer oder mit dem Pürierstab fein zerkleinern. In eine Schüssel füllen und mit den Eiweißen kräftig verrühren. 150 g Sahne steif schlagen, mit dem Dill unterheben.

3 Den Backofen auf 175° vorheizen. Die Form ausbuttern, die Hälfte des Fischpürees einfüllen. Das ganze Forellenfilet trocken tupfen und darauflegen, mit der restlichen Masse bedecken. Die Form fest auf die Arbeitsfläche stoßen, damit keine Luftblasen bleiben. Die Oberfläche glatt streichen und die Form mit Alufolie abdecken. In ein tiefes Backblech stellen und seitlich kochendes Wasser angießen. Im heißen Ofen (Mitte, Umluft 160°) ca. 45 Min. garen. Herausnehmen und die Alufolie abnehmen. Die Terrine auskühlen lassen, dann 2 Std. in den Kühlschrank stellen.

4 Die Terrine stürzen, in Scheiben schneiden und auf Vorspeisentellern anrichten. Die restliche Sahne mit 1 Prise Salz steif schlagen, Meerrettich unterheben und dazu servieren.

auch fein als Vorspeise | BROTZEIT & VESPER

Verlorene Eier
in Weingelee

vegetarisch fein | Zubereitung: ca. 30 Min. | Kühlen: ca. 6 Std. | Pro Portion: ca. 435 kcal

Für 4 Personen

je 200 ml trockener Weißwein (Riesling) und kräftige Gemüsebrühe (Instant)
5 Blatt weiße Gelatine
Salz | weißer Pfeffer
je 100 g Möhren und zarte grüne Bohnen
2 EL Weißweinessig
4 ganz frische Eier (Größe M)
1 Bund Dill
150 g Mayonnaise
50 g Vollmilchjoghurt

Außerdem:

4 Förmchen (à 250 ml Inhalt)

Variante mit Hering

1 Glas Rollmöpse (500 g) in ein Sieb abgießen. Den **Sud** auffangen, mit **Weißwein** auf 400 ml auffüllen, kräftig salzen. Etwas Sud erhitzen, **6 Blatt eingeweichte weiße Gelatine** darin auflösen und unter den übrigen Sud mischen. 6 Förmchen mit etwas Gelee ausgießen, jeweils 1 Rollmops (ohne Holzspieß) hineinsetzen und **1 Scheibe Essiggurke** darauflegen. Mit Gelee auffüllen und 6 Std. kalt stellen.

1. Den Wein mit der Brühe erhitzen. Die Gelatine in kaltem Wasser 5 Min. einweichen, dann ausdrücken und in der heißen Flüssigkeit auflösen. Kräftig salzen und pfeffern (der Sud muss fast versalzen schmecken). Die Förmchen kalt ausspülen, 1 cm hoch Gelatinesud einfüllen. Die Förmchen kalt stellen.

2. Die Möhren schälen, die Bohnen waschen. Die Möhren in ganz kleine Würfel, die Bohnen in kleine Stücke schneiden. Wasser aufkochen, kräftig salzen und das Gemüse darin in ca. 5 Min. bissfest kochen. In ein Sieb abgießen, kalt abbrausen und abtropfen lassen.

3. In einem breiten Topf reichlich Wasser mit dem Essig aufkochen. Die Eier einzeln in eine Tasse oder einen Schöpflöffel aufschlagen und in das Wasser gleiten lassen (**Bild 1**). Ca. 4 Min. sanft siedend garen, mit einem Schaumlöffel herausheben und abtropfen lassen. Den fransigen Eiweißrand glatt schneiden (**Bild 2**) und die »verlorenen« Eier abkühlen lassen.

4. Den Dill waschen und trocken schütteln, die Spitzen fein schneiden. Die Eier in die Förmchen auf die Geleeschicht setzen (**Bild 3**). Gemüse und Dill darüber verteilen. Das Weingelee nochmals erwärmen, bis es gerade flüssig ist. In die Förmchen verteilen, wieder kalt stellen und das Gelee in ca. 6 Std. ganz fest werden lassen.

5. Zum Servieren Mayonnaise und Joghurt verrühren, mit Salz und Pfeffer abschmecken. Das Gelee am Rand mit einem spitzen Messer lösen. Die Förmchen kurz in heißes Wasser halten und die Eier auf Vorspeisenteller stürzen. Mit der Mayonnaise garnieren und servieren.

Salate, Suppen & Eintöpfe

Das beste Grünzeug ist unter Sonne und Regen gewachsen, steckt voller Geschmack und Vitamine. Das wusste schon Oma und bereitete es täglich frisch zu …

Für 4 Personen

1 Weißkohl (ca. 1 kg)
Salz | 2 Zwiebeln
50 g durchwachsener Speck (Frühstücksspeck)
2 EL Öl
1 EL Zucker
1 TL Kümmel
3 EL Weißweinessig
grob gemahlener schwarzer Pfeffer
2 EL Schnittlauchröllchen

Weißkohlsalat mit Speck

herzhaft-würzig | *im Bild links*
Zubereitung: ca. 45 Min. | *Pro Portion: ca. 185 kcal*

1 Vom Weißkohl eventuell äußere welke Blätter entfernen. Den Weißkohl vierteln und den Strunk ausschneiden. Die Kohlviertel in Streifen schneiden oder nicht zu fein hobeln. Reichlich Wasser aufkochen, kräftig salzen und die Kohlstreifen darin 3 Min. ziehen lassen. In ein Sieb abgießen und gut abtropfen lassen.

2 Die Zwiebeln schälen und fein hacken. Den Speck klein würfeln. In einem großen Topf das Öl erhitzen, die Speckwürfel darin bei mittlerer Hitze in ca. 3 Min. knusprig braten. Zwiebeln zugeben und leicht anbräunen. Zucker und Kümmel darüberstreuen und leicht karamellisieren lassen. Den Topf vom Herd nehmen, den Essig angießen und den Kohl untermischen. Mit Salz und Pfeffer würzig abschmecken. Mit Schnittlauch bestreut servieren.

Gemüse fein angemacht | SALATE

Selleriesalat

mit Biss
Zubereitung: ca. 30 Min. | Pro Portion: ca. 170 kcal

Für 4 Personen

1 Sellerieknolle (ca. 1 kg) | Salz
1 EL Zitronensaft | 4 EL Weißweinessig
6 EL kalt gepresstes Rapsöl | Pfeffer
Zucker | 1 Zwiebel | 1 Zweig Liebstöckel

1. Die Sellerieknolle waschen, schälen und in ca. 1/2 cm dicke Scheiben, diese in Stücke schneiden. Reichlich Wasser aufkochen, kräftig salzen, den Zitronensaft zugeben und die Selleriestücke darin in 3–5 Min. bissfest kochen. In ein Sieb abgießen, etwas Brühe auffangen, den Sellerie abtropfen und ausdampfen lassen.

2. Den Sellerie noch warm in eine Schüssel geben. Ca. 75 ml Brühe, Essig, Öl, Salz, Pfeffer und 1 Prise Zucker verrühren und darübergießen. Die Zwiebel schälen und klein würfeln. Untermischen und den Salat abkühlen lassen.

3. Den Liebstöckel waschen, trocken schütteln und in ganz feine Streifen schneiden. Unter den Selleriesalat mischen und noch einmal mit Salz und Essig abschmecken.

Frühlings-Variante

Statt Zwiebel und Liebstöckel **2 Frühlingszwiebeln** mit dicken weißen Knollen samt Grün fein schneiden und unter den Salat mischen. Immer noch einmal nachwürzen, Sellerie saugt viel Salz und Essig auf.

Rote-Bete-Salat

am besten lauwarm
Zubereitung: ca. 45 Min. | Pro Portion: ca. 125 kcal

Für 4 Personen

500 g möglichst kleine Rote Beten
Salz | 2 rote Zwiebeln
1 EL scharfer Senf | Pfeffer
3 EL Rotweinessig | 4 EL neutrales Pflanzenöl
1 Hand voll Kerbelblättchen
1 Stück frischer Meerrettich (nach Belieben)

1. Die Roten Beten waschen und mit einer Bürste säubern. Reichlich Wasser aufkochen, salzen und die Roten Beten darin in ca. 30 Min. nicht zu weich garen (mit einer Messerspitze prüfen, ob die Knollen noch hart sind). Die Roten Beten abgießen, ausdampfen lassen und noch warm (am besten mit Gummihandschuhen) schälen. In Scheiben schneiden und in eine Schüssel füllen.

2. Die Zwiebeln schälen und in kleine Würfel schneiden. Den Senf mit Pfeffer, Essig und Öl verrühren. Mit den Zwiebelwürfeln unter die Roten Beten mischen und mit Salz abschmecken. Den Kerbel waschen, trocken schütteln, fein hacken und untermischen. Nach Belieben den Meerrettich schälen und in feinen Spänen darüberraspeln.

Clever tauschen

Wenn Sie statt Kerbel, Meerrettich und neutralem Pflanzenöl **Walnussöl** nehmen und den Salat mit **50 g grob gehackten Walnusskernen** bestreuen, wird er schön nussig im Geschmack.

Gemüse fein angemacht | SALATE

Salat auf Gärtnerinart
mit Senfsauce

frühlingsfrisch | Zubereitung: ca. 1 Std. | Pro Portion: ca. 245 kcal

Für 4 Personen

3 Sardellen in Salzlake
2 Schalotten
2 hart gekochte Eier
1 EL mittelscharfer Senf
3 EL Apfelessig (Obstessig)
4 EL Rapsöl
Salz | Pfeffer
1 Prise Zucker
1 EL gehackte Petersilie
250 g Blumenkohl
250 g Spargel (möglichst Spargelspitzen)
250 g zarte grüne Bohnen
250 g grüne Erbsen
1 Bund Radieschen

1 Für die Sauce die Sardellen kalt abspülen, trocken tupfen und sehr fein hacken. Die Schalotten schälen und klein würfeln. Die Eier pellen, die Eigelbe herauslösen und mit einer Gabel zerdrücken. Die Eiweiße abgedeckt beiseitestellen. Die Eigelbe mit Senf, Essig, Öl, Sardellen und Schalotten verrühren. Mit Salz, Pfeffer und 1 Prise Zucker abschmecken. Die Petersilie untermischen und kalt stellen.

2 Das Gemüse waschen und putzen. Den Blumenkohl in kleine Röschen zerteilen. Den Spargel schälen. Die grünen Bohnen eventuell entfädeln.

3 Reichlich Wasser aufkochen, kräftig salzen und zuerst den Spargel ca. 7 Min. darin offen sprudelnd kochen lassen. Herausheben, mit kaltem Wasser abschrecken und abtropfen lassen. Die Blumenkohlröschen, die Bohnen und die Erbsen nacheinander jeweils 10 Min. kochen. Ebenfalls kalt abschrecken und abtropfen lassen.

4 Jedes Gemüse mit einem Viertel der Senfsauce vermischen und auf einer Platte anrichten. Die Radieschen waschen, vierteln und abwechselnd mit zarten Radieschenblättern um die Gemüsesalate herum anrichten. Die Eiweiße grob hacken und darüberstreuen. Mit Weißbrot servieren.

Clever tauschen

Brandenburger mixen für die **Salatsauce** 100 g Vollmilchjoghurt mit 50 g Mayonnaise, rühren 2 in feine Streifen geschnittene milde Salzherings- oder Matjesfilets unter und schmecken mit Essig, Salz, Pfeffer, Zucker und 2 EL gehackten Kräutern (Petersilie, Schnittlauch, Selleriegrün) ab.

Einfache Variante

Geht schnell und sieht ebenfalls schön bunt aus: Statt viererlei Gemüsesorten nur **1 kleinen Blumenkohl** und **350 g grüne Bohnen** wie oben beschrieben kochen. **2 Tomaten** waschen, halbieren, entkernen, in kleine Würfel schneiden und mit der Senfsauce unter das Gemüse mischen.

mit Kartoffeln | SALATE

Schlesischer Kartoffelsalat

saftig würzig | Zubereitung: ca. 1 Std. | Pro Portion: ca. 535 kcal

Für 4 Personen

1 kg festkochende Kartoffeln | Salz
4 Matjesfilets | 2 Äpfel | 1 große Zwiebel
3 Salzgurken (ersatzweise Essiggurken)
ca. 200 ml Rinderbrühe (Rezept Seite 47
oder Instant) | 4 EL Weißweinessig
Pfeffer | 100 g durchwachsener Speck
in dünnen Scheiben | 2 EL Öl
1 EL Schnittlauchröllchen

1. Die Kartoffeln waschen, ungeschält in Salzwasser aufsetzen und zugedeckt bei mittlerer Hitze in 25–30 Min. gar kochen. Die Kartoffeln abgießen, ausdampfen und etwas abkühlen lassen. Noch warm pellen und in Scheiben schneiden, in eine Schüssel geben.

2. Die Matjesfilets mit Küchenpapier trocken tupfen und in Streifen schneiden. Die Äpfel schälen, vierteln und die Kerngehäuse ausschneiden. Die Zwiebel schälen, die Salzgurken abtropfen lassen. Apfelviertel, Zwiebel und Salzgurken in Würfel schneiden und unter die Kartoffeln mischen.

3. Die Rinderbrühe erhitzen und löffelweise unter den Kartoffelsalat mischen, bis er saftig und geschmeidig ist. Dann den Essig und die Matjesfilets untermischen, mit Salz und Pfeffer kräftig abschmecken.

4. Kurz vorm Servieren den Speck klein würfeln. In einer Pfanne das Öl erhitzen und die Speckwürfel darin bei mittlerer Hitze in ca. 5 Min. leicht braun und knusprig braten. Die heißen Speckwürfel samt dem Bratfett über den Kartoffelsalat gießen, rasch untermischen, noch einmal mit Salz und Pfeffer abschmecken, mit Schnittlauchröllchen bestreuen und servieren.

Variante mit Löwenzahn

Für 4 Portionen | 750 g festkochende Kartoffeln als Pellkartoffeln garen, noch warm pellen und in Scheiben schneiden. **1 Zwiebel** in feine Würfel schneiden und darüberstreuen. Mit **6 EL Essig, 6 EL Öl, Salz** und **Pfeffer** anmachen. **250 g zarte Löwenzahnblättchen** waschen, abtropfen lassen und fein schneiden. Unter den Kartoffelsalat mischen.

Variante: Rheinischer »Spieß«

Für 4 Portionen | 750 g mehligkochende **Kartoffeln** schälen und in Stücke schneiden. In Salzwasser ca. 25 Min. garen, abgießen und in eine Schüssel geben. Nach und nach mit ca. **1/2 l warmer Rinderbrühe** grob zerstampfen. **250 g Endivienblätter** in Streifen schneiden und untermischen. Den Salat mit **3 EL Essig, 2 EL Öl** und etwas **fein gehackter Zwiebel** anmachen. **100 g durchwachsenen Speck** fein würfeln, in **1 EL Öl** knusprig braten und zischend heiß über den »Spieß« gießen. Gleich servieren.

mit Wurst und Eiern | SALATE

Eiersalat
mit Räucherlachs

im Handumdrehen fertig
Zubereitung: ca. 20 Min. | Pro Portion: ca. 395 kcal

Für 4 Personen

1 Salatherz (Mini-Romanasalat)
4 hart gekochte Eier | 2 rotschalige Äpfel
(Jonathan, Elstar) | 100 g Räucherlachs
(ersatzweise geschälte Nordseekrabben
oder kleine Garnelen) | 100 g Mayonnaise
50 g Joghurt | 3 EL Zitronensaft | Salz
Pfeffer | 1 Prise Zucker | 1 Bund Schnittlauch

1. Den Salat waschen, trocken schwenken und in Streifen schneiden. Die Eier pellen und in Scheiben schneiden. Die Äpfel waschen, trocken reiben und ohne Kerngehäuse vierteln, dann klein würfeln.

2. Lachs in Streifen schneiden (Krabben oder Garnelen kurz kalt abbrausen und abtropfen lassen). Mit Salatstreifen, Eierscheiben und Apfelwürfeln vorsichtig vermischen.

3. Mayonnaise, Joghurt, Zitronensaft, Salz, Pfeffer und Zucker glatt verrühren und über den Salat gießen. Den Schnittlauch waschen, trocken schütteln und in Röllchen schneiden. Über den Salat streuen und gleich servieren.

Clever servieren

Als modernes **Fingerfood** können Sie den Salat portionsweise in kleinen, vorsichtig abgelösten und gewaschenen roten Radicchioblättern anrichten und noch mit Petersilienblättchen garnieren.

Wurstsalat

herzhaft bayerisch
Zubereitung: ca. 20 Min. | Pro Portion: ca. 475 kcal

Für 4 Personen

500 g Regensburger Würste (ersatzweise
   Stadtwurst oder Fleischwurst)
20 ml helle Essigessenz (25 % Säure)
1 TL Zucker | Salz | Pfeffer
2 milde Zwiebeln | 4 EL Sonnenblumenöl
4 Prisen rosenscharfes Paprikapulver

1. Würste enthäuten und in dünne Scheiben schneiden. Auf vier tiefen Tellern leicht überlappend auslegen. Essigessenz mit 300 ml kaltem Wasser, dem Zucker, Salz und Pfeffer verrühren, bis sich das Salz aufgelöst hat.

2. Die Zwiebeln schälen und in hauchdünne Scheiben schneiden (am besten mit einem Gemüsehobel so fein hobeln, dass die Scheiben fast durchscheinend sind). Die Ringe auseinanderlösen, in das Essigwasser legen, einmal umrühren und kurz ziehen lassen.

3. Die Zwiebeln mit einer Gabel über die Wurstscheiben verteilen. Erst den Essigsud, dann das Öl darübergießen. Jeweils 1 Prise Paprikapulver darüberstreuen, mit Bauernbrot servieren.

Variante mit Käse

Für **Schweizer Wurstsalat** 400 g Wurst nehmen und 100 g in Streifen geschnittenen Schweizer Käse (oder Allgäuer Emmentaler) darüberstreuen. Wer mag, garniert noch mit Schnittlauchröllchen.

vorne: Eiersalat mit Räucherlachs | hinten: Wurstsalat

glasklar | SUPPEN

Feine Rinderbrühe

preiswert | *Zubereitung: ca. 30 Min.* | *Garen: ca. 2 Std.*
Kühlen: ca. 4 Std. | *Pro Portion: ca. 30 kcal*

Für 6 Personen

1 kg Rinderknochen (Sandknochen, möglichst mit etwas Fleisch) | 1 Markknochen | 1 große Zwiebel | 2 Lorbeerblätter | 2 Gewürznelken 2 TL Pfefferkörner | 1 TL Pimentkörner 1 Stange Lauch | 3 Möhren | 1/4 Sellerieknolle | 1 Zweig Liebstöckel | Salz | Muskatnuss, frisch gerieben | 2 EL fein gehackte Petersilie

1. Die Knochen kalt abspülen und mit 3 l Wasser in einem Topf bei mittlerer Hitze offen aufkochen lassen. Den Schaum mit einem Schaumlöffel abschöpfen (**Bild 1**).

2. Die Zwiebel schälen, kreuzweise ein-, aber nicht durchschneiden. In den Einschnitt die Lorbeerblätter stecken, die Nelken in die Zwiebel spießen (**Bild 2**). Mit den Gewürzkörnern zur Brühe geben und zugedeckt bei schwacher Hitze 1 Std. sanft kochen lassen.

3. Lauch, Möhren und Sellerie putzen, waschen und grob schneiden. Liebstöckel waschen, mit dem Gemüse in die Brühe geben. Zugedeckt 1 weitere Std. sanft kochen lassen.

4. Ein Sieb mit einem Stoffküchentuch auslegen und die Brühe durchfiltern (das Gemüse wegwerfen), abkühlen lassen, dann ca. 3 Std. kalt stellen. Erstarrtes Fett mit einem Schaumlöffel abheben (**Bild 3**). Die klare Brühe wieder erhitzen, mit Salz und Muskat abschmecken und mit Petersilie bestreuen.

Mit Flädle

Für 4 Portionen | 3 EL Mehl mit 2 EL Milch glatt verrühren, dann **1 Ei, Salz** und **Pfeffer** untermischen. 15 Min. zugedeckt quellen lassen. **1 EL sehr fein gehackte Petersilie** unter den Teig rühren. In einer kleinen Pfanne etwas Butter erhitzen und aus dem Teig 2 helle Pfannkuchen backen, aufrollen und etwas abkühlen lassen. In feine Röllchen schneiden, die »Flädle« auf vier Suppenteller verteilen und mit heißer Brühe übergießen.

Mit Eierstich

Für 4 Portionen | 2 Tassen ausbuttern. **2 Eier** mit **4 EL Milch, Salz,** etwas **weißem Pfeffer** und **Muskat** so verquirlen, dass kein Schaum entsteht. In die Tassen füllen, diese in einen Topf stellen, bis zur halben Tassenhöhe heißes Wasser angießen. Zugedeckt bei schwacher Hitze in ca. 20 Min. stocken lassen. Abkühlen lassen. Den Eierstich stürzen und in kleine Würfel schneiden. In vier Suppenteller verteilen, mit heißer Brühe begießen.

Mit Markklößchen

Für 4 Portionen | Von **2 gut gekühlten Markknochen** das Mark ausdrücken, 1 Std. in Eiswasser legen. Trocken tupfen, fein hacken und in einem Pfännchen bei schwacher Hitze auslassen. Das Fett durch ein Sieb gießen. Erst **100 g Semmelbrösel, Salz, Muskat** und **1 EL fein gehackte Petersilie,** dann **2 Eier** unterkneten, 15 Min. quellen lassen. Walnussgroße Klößchen formen und in der heißen, nicht kochenden Brühe 10 Min. ziehen lassen.

glasklar | SUPPEN

Ochsenschwanzsuppe
Rheingauer klare

aromatisch | *Zubereitung: ca. 45 Min.* | *Garen: ca. 4 Std.* | *Pro Portion: ca. 250 kcal*

Für 4 Personen

750 g Ochsenschwanz (vom Metzger in Stücke teilen lassen)
Salz | Pfeffer
1 Zwiebel | 2 Möhren
100 g Sellerieknolle
1 kleine Stange Lauch
2 EL Butterschmalz
1 frischer Thymianzweig
2 Knoblauchzehen
1 Lorbeerblatt
1 TL Pimentkörner
100 ml kräftiger trockener Weißwein (z. B. Riesling; ersatzweise Mineralwasser mit etwas Zitronensaft)

Tipp aus Omas Kochkiste

Für **glasklare Brühe** 100 g Tatar mit 1 Eiweiß mischen, in die kalte Brühe rühren und langsam aufkochen lassen. Einige Minuten ziehen lassen, dann durch ein Tuch abgießen, alle Trübstoffe werden dabei zurückgehalten.

1 Die Ochsenschwanzstücke kalt abspülen, trocken tupfen und rundum mit Salz und Pfeffer einreiben. Zwiebel, Möhren und Sellerie schälen und in Stücke schneiden. Den Lauch putzen, längs halbieren und gründlich waschen. Das Grün beiseitelegen und den hellen Teil in Scheiben schneiden.

2 In einem großen Suppentopf das Butterschmalz erhitzen. Die Ochsenschwanzstücke darin bei mittlerer Hitze in ca. 10 Min. rundum kräftig anbräunen. Das Gemüse zugeben und leicht anrösten. Ca. 1 1/4 l Wasser angießen, aufkochen lassen und salzen. Den Schaum abschöpfen (siehe Seite 46) und die Hitze reduzieren. Den Thymian waschen und mit den ungeschälten Knoblauchzehen, dem Lorbeerblatt und den Pimentkörnern in die Brühe geben. Bei schwacher Hitze ca. 4 Std. zugedeckt sieden lassen.

3 Die Ochsenschwanzstücke aus der Brühe heben, abkühlen lassen. Ein Sieb mit einem sauberen Küchentuch auslegen, die Brühe durchfiltern, das Gemüse leicht ausdrücken und wegwerfen. Die Brühe wieder zurück in den Topf füllen.

4 Von den Ochsenschwanzstücken Häute, Fett und Sehnen entfernen, das Fleisch von den Knochen lösen und in kleine Würfel schneiden. Ein paar zarte grüne Lauchblätter in kleine Rauten schneiden, in kochendem Salzwasser kurz blanchieren, kalt abschrecken und abtropfen lassen.

5 Die Brühe wieder erhitzen, den Wein zugießen und einmal aufkochen lassen. Die Fleischwürfel einstreuen und ganz kurz heiß werden lassen. Die Suppe auf vier Teller verteilen und mit den Lauchrauten garniert servieren. Dazu schmecken kleine Roggenbrötchen.

Sommerliche Gemüsesuppe

vitaminreich | Zubereitung: ca. 1 Std. | Pro Portion: ca. 200 kcal

Für 4 Personen

3 Möhren | 1 Kohlrabi | 1/4 Sellerieknolle
1 Stange Lauch | 2 EL Nussbutter (siehe Seite 17) | 1,5 l Rinderbrühe (Rezept Seite 47 oder Instant) | 200 g grüne Bohnen (Brechbohnen)
200 g grüne Erbsen (frisch gepalt oder TK)
300 g Blumenkohl | 300 g festkochende Kartoffeln | 1 Zweig frischer Liebstöckel
Salz | Pfeffer | Muskatnuss, frisch gerieben

1 Möhren, Kohlrabi, Sellerie und Lauch putzen, waschen und in Stücke schneiden. In einem Suppentopf die Nussbutter zerlassen, das Gemüse bei mittlerer Hitze andünsten. Rinderbrühe angießen, aufkochen, offen bei mittlerer Hitze ca. 10 Min. kochen lassen.

2 Bohnen waschen, putzen und in 2 cm lange Stücke schneiden. Mit den Erbsen zur Suppe geben, 5 Min. mitgaren. Blumenkohl in kleine Röschen zerteilen, Kartoffeln schälen und klein würfeln. Beides mit dem Liebstöckel zugeben, ca. 15 Min. garen, bis Kartoffeln und Blumenkohl weich sind. Kräuterzweig entfernen, mit Salz, Pfeffer und Muskat abschmecken. Mit Bauernbrot auftragen.

Clever genießen
Wer mag, gibt zum Schluss noch **Eierstich** (Rezept Seite 47) in die Suppe.

Grüne Kartoffelsuppe

würzig | Zubereitung: ca. 1 Std. | Pro Portion: ca. 560 kcal

Für 4 Personen

500 g vorwiegend festkochende Kartoffeln
2 Möhren | 1/4 Sellerieknolle (ca. 175 g)
2 EL Öl | 1,5 l Rinderbrühe (Rezept Seite 47 oder Instant) | 3 Frühlingszwiebeln
1 Bund Petersilie | 2 Zweige Selleriegrün
1 Hand voll Spinatblätter | 100 g Sahne
Salz | Muskatnuss, frisch gerieben
6 Würstchen (Frankfurter oder Wiener)
1 EL Schnittlauchröllchen

1 Kartoffeln, Möhren und Sellerie waschen, schälen und klein würfeln. Im Suppentopf das Öl erhitzen und das Gemüse bei mittlerer Hitze ca. 5 Min. unter Rühren leicht andünsten. Die Brühe angießen und die Suppe bei schwacher Hitze zugedeckt ca. 25 Min. kochen lassen.

2 Frühlingszwiebeln, Petersilie, Selleriegrün und Spinat waschen, Frühlingszwiebeln klein schneiden, Spinat und Kräuter ohne Stängel hacken. Alles zur Suppe geben und offen bei mittlerer Hitze 10 Min. garen. Sahne einrühren, mit Salz und Muskat abschmecken. Die Würstchen in Scheiben schneiden, in der Suppe heiß werden lassen. Mit Schnittlauch bestreut servieren.

Tipp aus Omas Kochkiste
Noch aromatischer wird die Suppe, wenn Sie mit dem frischen Gemüse 1 EL Salzgemüse (Rezept Seite 16) anschmoren. Dann zum Schluss nur noch mit wenig Salz abschmecken.

Bremer Muschelsuppe

wärmt im Winter | Zubereitung: ca. 1 Std. | Pro Portion: ca. 380 kcal

Für 4 Personen

100 g Frühstücksspeck
2 Zwiebeln
150 g festkochende Kartoffeln
1 EL Butter
1 Lorbeerblatt
2 Wacholderbeeren
1 l Fischbrühe (ersatzweise Gemüsebrühe)
500 g Miesmuscheln
150 ml Weißwein (ersatzweise Wasser mit etwas Zitronensaft)
125 g Sahne
Pfeffer | Salz

1 Den Speck klein würfeln. Die Zwiebeln schälen und fein hacken. Die Kartoffeln waschen, schälen und in kleine Würfel schneiden. In einem Suppentopf die Butter erhitzen und die Speckwürfel darin langsam auslassen und knusprig braten, dann herausheben und beiseitestellen.

2 Die Zwiebeln im Bratfett hell andünsten. Kartoffelwürfel mit Lorbeerblatt und Wacholderbeeren zugeben, die Brühe angießen, aufkochen und zugedeckt bei schwacher Hitze 30 Min. sanft kochen lassen.

3 Die Muscheln waschen und bürsten, beschädigte und geöffnete aussortieren und wegwerfen. In einem Topf den Weißwein aufkochen, salzen, die Muscheln darin bei starker Hitze zugedeckt 5 Min. garen. Muscheln herausheben und auslösen. Den Weinsud (ohne sandigen Bodensatz und Lorbeerblatt) zur Brühe gießen. Die Sahne hinzufügen, mit einem Pürierstab pürieren. Speck und Muscheln einrühren, mit Pfeffer und wenig Salz abschmecken und alles noch 2–3 Min. ziehen lassen. Mit Weißbrot oder Toast servieren.

Westerländer Fischsuppe

herrlich würzig | *Zubereitung: ca. 40 Min.* | *Pro Portion: ca. 175 kcal*

Für 4 Personen

350 g Fischfilet (z. B. Seelachs, Rotbarsch oder Kabeljau)
1 EL Zitronensaft
1 Salatgurke (wahlweise 1 Stange Lauch)
300 g Tomaten
50 g roher Schinken ohne Fettrand
1 große Zwiebel | 2 EL Butter
3/4 l Fischbrühe (ersatzweise Gemüsebrühe)
100 g geschälte Nordseekrabben (ersatzweise kleine Garnelen)
Salz | Pfeffer | 1 Bund Dill

1 Fischfilet kalt abspülen, trocken tupfen, würfeln und mit Zitronensaft beträufeln. Abgedeckt in den Kühlschrank stellen. Gurke schälen, längs halbieren, entkernen und würfeln. (Oder den Lauch putzen, längs aufschneiden, gründlich waschen und klein schneiden.) Tomaten überbrühen, häuten, entkernen und ohne Stielansatz klein schneiden. Schinken in feine Streifen schneiden. Zwiebel schälen und fein würfeln.

2 Im Suppentopf die Butter erhitzen, Zwiebel und Schinken darin bei mittlerer Hitze 2–3 Min. hell anbraten. Gurken- und Tomatenwürfel zugeben und 1–2 Min. andünsten. Die Brühe angießen, 5 Min. bei mittlerer Hitze kochen lassen.

3 Die Krabben in einem Sieb kalt abbrausen, abtropfen lassen und mit den Fischwürfeln zur Suppe geben. Salzen und pfeffern, 5 Min. bei schwacher Hitze ziehen lassen. Den Dill waschen und trocken schütteln, die Spitzen fein schneiden. Unter die Suppe rühren, noch einmal abschmecken und gleich servieren.

zum Sattessen | EINTÖPFE

Linseneintopf

herzhaft | *Zubereitung: ca. 1 Std.*
Einweichen: ca. 3 Std. | *Pro Portion ca.: 980 kcal*

Für 4 Personen

300 g braune Linsen (Tellerlinsen) | 50 g fetter Speck | 1 Zwiebel | 1 Bund Suppengemüse
2 EL Mehl | 3/4 l Rinderbrühe (Rezept Seite 47 oder Instant) | 1 Lorbeerblatt | 1 Zweig frischer Liebstöckel | 500 g magerer Räucherspeck in dicken Scheiben | Salz | Pfeffer
ca. 3 EL heller Essig | 1 EL gehackte Petersilie

1 Die Linsen in einem Sieb kurz abbrausen, in kaltem Wasser 2–3 Std. einweichen. Dann in ein Sieb abgießen und abtropfen lassen. Den Speck sehr fein würfeln. Die Zwiebel schälen und fein hacken. Das Suppengemüse waschen, putzen und klein würfeln.

2 In einem Suppentopf die Speckwürfel bei mittlerer Hitze auslassen. Zwiebel zugeben und in ca. 5 Min. mittelbraun anrösten. Das Mehl darüberstreuen und ebenfalls nussbraun rösten. Das Suppengemüse zugeben, kurz andünsten, dann die Brühe angießen. Linsen, Lorbeerblatt und Liebstöckel zugeben. Den Räucherspeck (mit Schwarte) darauflegen und alles zugedeckt bei schwacher Hitze ca. 40 Min. garen.

3 Wenn die Linsen gar sind, den Speck herausheben, die Schwarte entfernen und den Speck in Stücke schneiden. Wieder unter die Linsen mischen, mit wenig Salz, Pfeffer und Essig pikant abschmecken. Mit Petersilie bestreut servieren.

Pichelsteiner Eintopf

würzig-deftig | *Zubereitung: ca. 30 Min.*
Garen: ca. 2 Std. 15 Min. | *Pro Portion: ca. 415 kcal*

Für 4 Personen

je 300 g Schweine- und Rindergulasch
Salz | Pfeffer | 100 g Räucherspeck in dünnen Scheiben | 250 g Weißkohl
250 g Möhren | 1/4 Sellerieknolle (ca. 175 g)
3 Zwiebeln | Muskatnuss, frisch gerieben
3/4 l Rinderbrühe (Rezept Seite 47 oder Instant)
1 Lorbeerblatt | 500 g festkochende Kartoffeln
2 EL gehackte Petersilie

1 Das Fleisch trocken tupfen, mit Salz und Pfeffer würzen. Den Speck in fingerbreite Streifen schneiden. Den Weißkohl putzen und in grobe Stücke schneiden. Möhren, Sellerie und Zwiebeln schälen, in nicht zu kleine Stücke zerteilen. Alles mischen und in einen dicht schließenden, ofenfesten Schmortopf schichten, jede Lage mit etwas Salz, Pfeffer und Muskat würzen. Den Backofen auf 175° vorheizen.

2 Die Brühe mit dem Lorbeerblatt erhitzen, über die Fleisch-Gemüse-Mischung gießen und den Topf schließen. Im Ofen (Mitte, Umluft 160°) ca. 1 Std. 30 Min. garen.

3 Dann die Kartoffeln schälen und in dicke Scheiben schneiden. Dachziegelartig über den Eintopf schichten, mit etwas Salz bestreuen und alles fest verschlossen weitere 45 Min. im Ofen garen. Mit Petersilie bestreut im Topf servieren. Dazu schmeckt herzhaftes Bauernbrot.

oben: Pichelsteiner Eintopf | unten: Linseneintopf

zum Sattessen | EINTÖPFE

Hirtentopf mit Graupen

macht was her | Zubereitung: ca. 45 Min.
Einweichen: ca. 8 Std. | Garen: ca. 2 Std. 30 Min. | Pro Portion: ca. 520 kcal

Für 4 Personen

150 g kleine Graupen (Perlgraupen)
1 kg Lammhaxen | 1 großes Bund Suppengemüse | 2 EL Öl | 2 Zweige Thymian
1 Lorbeerblatt | 1 TL Pimentkörner | Salz
2 Zwiebeln | 3 Knoblauchzehen | 2 Möhren
150 g grüne Wirsingblätter, ersatzweise Weißkohl | 2 Stangen Staudensellerie
1 EL Butter | Muskatnuss, frisch gerieben
2 EL gehackte Petersilie

1 Die Graupen in einem Sieb heiß überbrausen. In reichlich kaltem Wasser ca. 8 Std. (am besten über Nacht) quellen lassen.

2 Die Lammhaxen kalt abspülen und trocken tupfen. Das Suppengemüse waschen und grob würfeln. Im Suppentopf das Öl erhitzen, die Lammhaxen bei mittlerer Hitze in ca. 10 Min. rundherum anbräunen. Das Suppengemüse zugeben und kurz anrösten. Mit 2 l Wasser aufgießen, Thymian, Lorbeer und Piment zugeben, salzen und bei schwacher Hitze zugedeckt 2 Std. garen.

3 Die Lammhaxen aus der Brühe heben und die Brühe durch ein feines Sieb gießen. Die Zwiebeln, den Knoblauch und die Möhren schälen und klein würfeln. Die Wirsingblätter waschen und in kleine Stücke schneiden. Den Staudensellerie putzen, waschen und in Scheiben schneiden. Die Graupen in ein Sieb gießen und abtropfen lassen.

4 Im (gesäuberten) Suppentopf die Butter aufschäumen lassen. Das Gemüse darin bei mittlerer Hitze hell andünsten. Gut 1,5 l Lammbrühe aufgießen und aufkochen lassen. Die Graupen einrühren und alles bei mittlerer Hitze 20 Min. kochen, dabei ab und zu umrühren.

5 Inzwischen das Lammfleisch von den Knochen lösen und ohne Fett und Sehnen klein würfeln. In die Brühe geben und 10 Min. ziehen lassen. Eintopf mit Salz und Muskat abschmecken, mit der Petersilie bestreuen und mit knusprigen Semmeln servieren.

Variante: »Katzenhochzeit«

Für 4 Portionen | **500 g Schweinegulasch** in **1 EL Butterschmalz** hell anbraten, **3 Zwiebeln** schälen und grob würfeln, **250 g Champignons** putzen und in Scheiben schneiden. Beides zum Fleisch geben und kurz anbraten. Gut **1,5 l Brühe** angießen, 30 Min. sanft kochen lassen. Die eingeweichten Graupen zugeben, weitere 30 Min. garen. **400 g abgetropfte weiße Bohnen** (aus der Dose) zugeben und heiß werden lassen. Mit **Salz** und **Pfeffer** abschmecken, mit **2 EL gehackter Petersilie** und **75 g geriebenem Käse** bestreuen, gleich servieren.

Mit Fisch, Fleisch & Geflügel

Früher gab es freitags Fisch und sonntags Fleisch, doch seit sich Fisch zur Luxusspeise entwickelt hat, darf's gerne auch mal umgekehrt sein …

Für 4 Personen

100 g Mayonnaise
  (Rezept Seite 17
  oder aus dem Glas)
50 g Joghurt
1 TL Senf
1 Msp. Sardellenpaste
1 TL Kapern
1 Pfeffergürkchen
je 1 TL gehackter Kerbel
  und Estragon
700 g Fischfilet (z. B.
  Rotbarsch oder Kabeljau)
Salz | Pfeffer
1 Ei (Größe L)
3–4 EL Mehl
100 g Semmelbrösel
je 4 EL Butterschmalz und Öl
Zitronenviertel zum Beträufeln

Backfisch mit Remoulade

knusprig | *im Bild links*
Zubereitung: ca. 45 Min. | *Pro Portion: ca. 640 kcal*

1. Für die Remoulade Mayonnaise, Joghurt, Senf und Sardellenpaste verrühren. Kapern und Gürkchen fein hacken, mit Kerbel und Estragon untermischen. Kalt stellen.

2. Die Fischfilets kalt abwaschen, trocken tupfen, salzen und pfeffern. Das Ei in einem tiefen Teller mit ein paar Tropfen Wasser verquirlen. Auf zwei weiteren Tellern Mehl und Semmelbrösel bereitstellen.

3. In einer großen Pfanne Butterschmalz und Öl erhitzen. Die Fischfilets erst im Mehl wenden, überschüssiges Mehl abklopfen, dann im Ei, zuletzt in den Bröseln wenden. Ins heiße Fett legen und bei mittlerer Hitze (das Fett soll nur leise brutzeln) auf jeder Seite ca. 5 Min. goldbraun braten. Die Fischfilets aus der Pfanne heben, abtropfen lassen und mit der Remoulade und Zitronenvierteln servieren.

in Sauce und Sud | MIT FISCH

Schellfisch
in Senfsahne

fix fertig
Zubereitung: ca. 30 Min. | Pro Portion: ca. 365 kcal

Für 4 Personen

4 Scheiben Schellfisch (je ca. 200 g)
2 EL Zitronensaft | Salz | Pfeffer
1 Zwiebel | 1 EL Butter | 150 ml Weißwein
(ersatzweise Gemüsebrühe) | 200 g Sahne
2 EL Senf | 1 TL Kartoffelmehl | 1/2 Bund Dill

1 Den Fisch kalt abwaschen und trocken tupfen. Mit 1 EL Zitronensaft beträufeln, salzen und pfeffern. Die Zwiebel schälen und sehr fein hacken. In einer Schmorpfanne die Butter zerlassen und die Zwiebelwürfel darin bei mittlerer Hitze glasig dünsten. Den Wein angießen und einmal aufkochen lassen.

2 Die Schellfischscheiben in den Weinsud legen und bei schwacher Hitze zugedeckt knapp 10 Min. garen, dann mit einem Pfannenwender aus der Pfanne heben und warm halten.

3 Die Sahne mit dem Senf und dem Kartoffelmehl verrühren, in die Weinbrühe geben und unter Rühren aufkochen lassen. Die Sauce mit Salz, Pfeffer und dem restlichen Zitronensaft abschmecken. Die Fischscheiben in die Sauce geben und bei schwacher Hitze einige Min. ziehen lassen, dabei einmal vorsichtig wenden. Den Dill waschen und trocken schütteln, die Spitzen fein schneiden und darüberstreuen.

Muscheln
rheinische Art

pikant
Zubereitung: ca. 40 Min. | Pro Portion: ca. 135 kcal

Für 4 Personen

2 kg küchenfertige Miesmuscheln
2 Zwiebeln | 2 Knoblauchzehen
1 Bund Suppengemüse | 250 ml Weißwein
(Riesling; ersatzweise Gemüsebrühe)
1 Lorbeerblatt | 1 EL schwarze Pfefferkörner
3 Wacholderbeeren | Salz

1 Die Muscheln gründlich waschen und abbürsten, Bartreste entfernen. Geöffnete Muscheln wegwerfen. Die Zwiebeln und den Knoblauch schälen und in dünne Scheiben schneiden. Das Suppengemüse waschen, putzen und klein würfeln.

2 In einem großen Topf den Wein mit 125 ml Wasser, Zwiebelringen, Gemüse, Lorbeerblatt, Pfefferkörnern und Wacholderbeeren aufkochen und offen bei starker Hitze ca. 10 Min. kräftig kochen lassen. Muscheln hineingeben, salzen und zugedeckt bei starker Hitze ca. 7 Min. kochen, den Topf ab und zu rütteln, damit die Muscheln gleichmäßig gar werden.

3 Die Muscheln mit einem Schaumlöffel herausheben und auf tiefe Teller verteilen (geschlossene aussortieren und wegwerfen). Jeweils etwas Kochsud (ohne den sandigen Bodensatz) über die Muscheln gießen. Dazu Schwarzbrot und Butter servieren.

vorne: Schellfisch in Senfsahne | hinten: Muscheln rheinische Art

Blankeneser Schollen

knusprig
Zubereitung: ca. 35 Min. | Pro Portion: ca. 265 kcal

Für 4 Personen

500 g Schollenfilets (frisch oder TK und aufgetaut) | 4 EL Zitronensaft | Salz | Pfeffer
200 g geschälte Nordseekrabben | 3 EL Butter
1 EL Öl | ca. 4 EL Mehl | 2 EL gehackte Petersilie | Zitronenschnitze zum Beträufeln

1. Die Schollenfilets kalt abwaschen, trocken tupfen und mit 2 EL Zitronensaft beträufeln. Mit Salz und Pfeffer würzen. Die Krabben in einem Sieb kalt abspülen und abtropfen lassen. Den Backofen auf 60° (Umluft 50°) vorheizen, die Teller darin vorwärmen.

2. In einer großen Pfanne jeweils etwas Butter und Öl erhitzen. Filets nacheinander im Mehl wenden und bei mittlerer Hitze auf beiden Seiten in jeweils 2–3 Min. knusprig braten. Fertige Filets im Ofen warm halten.

3. Zum Schluss das Fett aus der Pfanne abgießen, die Krabben in der Pfanne in ca. 3 Min. bei schwacher Hitze heiß werden lassen, leicht salzen und pfeffern und mit dem restlichen Zitronensaft beträufeln. Die Krabben über die Schollenfilets verteilen und mit der Petersilie bestreuen. Mit den Zitronenschnitzen garnieren und servieren.

Clever variieren
Statt Krabben **100 g Frühstücksspeck** in feine Streifen schneiden und knusprig braten. Die Petersilie kurz mitrösten und über die Filets verteilen.

Forellen mit Zitronen-Kapern-Butter

würzig-zitrusfrisch
Zubereitung: ca. 45 Min. | Pro Portion: ca. 525 kcal

Für 4 Personen

4 küchenfertige Forellen (je ca. 250 g)
ca. 5 TL Zitronensaft und 1 TL abgeriebene Bio-Zitronenschale | Salz | Pfeffer | 100 g weiche Butter | 1 EL Kapern | 2 EL Öl | ca. 4 EL Mehl

1. Forellen innen und außen kalt abwaschen und trocken tupfen. Nur innen mit je 1 TL Zitronensaft beträufeln, salzen und pfeffern. Abgedeckt in den Kühlschrank stellen.

2. 75 g Butter schaumig rühren, die Zitronenschale unterrühren. Kapern abtrocknen und fein hacken, mit ein paar Tropfen Zitronensaft, etwas Salz und Pfeffer unter die Butter mischen. Zu einer Rolle formen und (am besten 15 Min. im Gefrierfach) kühlen.

3. In einer großen Pfanne die restliche Butter mit dem Öl erhitzen. Die Forellen nun auch außen salzen und pfeffern, im Mehl wenden; überschüssiges Mehl abklopfen. Die Fische bei mittlerer Hitze (das Fett darf nur leise brutzeln) auf jeder Seite ca. 10 Min. braten. Die Butterrolle in Scheiben schneiden.

4. Die Forellen aus der Pfanne heben, auf Küchenpapier entfetten, auf Tellern anrichten und die Zitronen-Kapern-Butter darauf schmelzen lassen. Dazu schmecken mit gehackter Petersilie bestreute Salzkartoffeln.

rund gemacht | MIT FISCH

Fischklößchen
in Krabbensauce

zart und edel | *Zubereitung: ca. 1 Std.* | *Pro Portion: ca. 360 kcal*

Für 4 Personen

Für die Klößchen:

500 g helles Fischfilet
  (z. B. Rotbarsch oder Kabeljau)
1 EL Zitronensaft
1 Ei (Größe M)
2 EL Speisestärke | 2 EL Sahne
1 TL Sardellenpaste
evtl. Semmelbrösel
Salz | weißer Pfeffer
Muskatnuss, frisch gerieben

Für die Sauce:

2 Schalotten
2 EL Butter | 2 EL Mehl
300 ml Fischfond (aus dem Glas;
  ersatzweise Gemüsebrühe)
175 g Sahne
1 Bund Dill | 1 EL Zitronensaft
100 g geschälte Nordsee-
  krabben (ersatzweise
  kleine Garnelen)

Clever tauschen

Auch klassisch: Statt Krabben 1–2 EL abgetropfte **Kapern** unter die Sauce mischen. Wenn Sie statt Seefisch **Hechtfilet** nehmen, heißen sie »Hechtklößchen« und sind eine Spezialität aus Baden.

1 Das Fischfilet kalt abspülen, trocken tupfen und in Würfel schneiden, dabei evtl. Gräten entfernen. Mit Zitronensaft beträufeln und zweimal durch den Fleischwolf drehen oder im Blitzhacker pürieren. Das Ei, die Stärke, die Sahne und die Sardellenpaste untermischen. Wenn die Masse zu weich ist, ein wenig Semmelbrösel hinzufügen. Mit Salz, Pfeffer und Muskat abschmecken. Das Püree abgedeckt ca. 30 Min. in den Kühlschrank stellen.

2 Inzwischen für die Sauce die Schalotten schälen und fein würfeln. Die Butter zerlassen und die Schalottenwürfel darin glasig dünsten. Das Mehl darüberstreuen, unterrühren und hell andünsten. Den Fischfond und die Sahne angießen, unter Rühren einmal aufkochen, dann bei schwacher Hitze 10 Min. sanft kochen lassen, dabei ab und zu umrühren. Den Backofen auf 50° vorheizen.

3 In einen breiten Topf ca. 5 cm hoch Wasser füllen, erhitzen und salzen. Von der Fischmasse mit zwei Esslöffeln längliche Klöße abstechen und im sanft siedenden Wasser ca. 7 Min. garen. Mit einem Schaumlöffel auf eine Platte heben, mit etwas Kochsud beträufeln und im Ofen warm stellen.

4 Den Dill waschen und trocken schütteln, die Spitzen fein schneiden. Unter die Sauce rühren, mit Zitronensaft, Salz und Pfeffer abschmecken. Die Krabben einrühren und in ca. 1 Min. nur gerade heiß werden lassen. Die Klößchen auf Teller verteilen und mit der Sauce übergießen. Dazu schmecken feine Eiernudeln.

Hackfleisch gut in Form | MIT FLEISCH

Brandenburger Wirsingrouladen

Die mag jeder! | *Zubereitung: ca. 45 Min.* | *Garen: ca. 45 Min.* | *Pro Portion: ca. 420 kcal*

Für 4 Personen

16 grüne Wirsingblätter
1 lange dünne Stange Lauch
Salz | 2 Fleischtomaten
2 Schrippen (Brötchen) vom Vortag
2 große Zwiebeln | 4 EL Öl
2 EL gehackte Petersilie
250 g gemischtes Hackfleisch
1 Ei (Größe L)
4–6 EL Semmelbrösel
Pfeffer
1 TL getrockneter Majoran
1 TL Quendel (Feldthymian)
250 ml Rinderbrühe (Rezept Seite 47, Instant oder Gemüsebrühe)

Schwäbische Variante

Für grüne **»Laubfrösche«** sehr große Spinat- oder Mangoldblätter nehmen und nur 2–3 Min. überbrühen. Wie die Wirsingrouladen füllen (die Hackmasse mit etwas Muskat würzen), sanft in Butter anbraten und mit halb Brühe, halb Weißwein aufgießen. Die Garzeit bleibt gleich.

1 Die Wirsingblätter waschen und die dicken Rippen flach schneiden (**Bild 1**). Den Lauch längs aufschneiden und waschen. In einem großen Topf reichlich Wasser aufkochen, kräftig salzen und die Kohlblätter darin ca. 10 Min. kochen. Herausheben, dann kalt abschrecken und abtropfen lassen. Den Lauch ins kochende Wasser geben und ca. 5 Min. blanchieren, herausheben und kalt abschrecken. Zuletzt die Tomaten kreuzweise einritzen, ins kochende Wasser geben, bis die Haut aufplatzt, herausheben und abtropfen lassen.

2 Für die Füllung die Schrippen entrinden und in kaltem Wasser einweichen. Die Zwiebeln schälen und fein hacken. 2 EL Öl in einer Pfanne erhitzen, die Hälfte der Zwiebeln darin bei mittlerer Hitze in ca. 7 Min. goldgelb braten. Die Petersilie zugeben und kurz mitbraten. Vom Herd nehmen.

3 Die Brötchen fest ausdrücken, mit Hackfleisch, Petersilienzwiebeln und Ei in einer Schüssel vermischen. So viele Semmelbrösel unterkneten, dass die Masse formbar ist. Mit Salz, Pfeffer, Majoran und Quendel kräftig würzen und zu 8 länglichen Rollen formen. Jeweils 2 Kohlblätter aufeinander legen (immer ein kleineres auf ein größeres), die Hackrollen auflegen und in die Kohlblätter einwickeln (**Bild 2**). Mit Lauchstreifen zusammenbinden.

4 Das restliche Öl in einer großen Schmorpfanne erhitzen, die Rouladen bei mittlerer Hitze in ca. 10 Min. rundum gut anbräunen (**Bild 3**). Übrige Zwiebeln hinzufügen. Die Tomaten häuten, klein schneiden und unterrühren. Brühe angießen und alles zugedeckt ca. 45 Min. garen, bei Bedarf etwas Wasser angießen. Mit Salz und Pfeffer abschmecken, dazu Stampfkartoffeln oder Kartoffelpüree servieren.

Hackfleisch gut in Form | MIT FLEISCH

Hackbraten
mit Rahmguss

preiswert | Zubereitung: ca. 25 Min. | Garen: ca. 50 Min. | Pro Portion: ca. 545 kcal

Für 4 Personen

1 EL getrocknete Steinpilze
1 Semmel (Brötchen) vom Vortag
1 große Zwiebel
3 EL Butter
500 g gemischtes Hackfleisch
1 Ei (Größe M)
Salz | Pfeffer
Muskatnuss, frisch gerieben
1/4 l Rinderbrühe (Rezept Seite 47 oder Instant)
125 g Rahm (Sahne)

Tipp aus Omas Kochkiste
So wurden 1–2 Personen mehr satt: Etwa ein Drittel vom Hackteig in eine **gefettete Kastenform** füllen, **3 hart gekochte, gepellte Eier** darauflegen und mit der restlichen Hackmischung bedecken und gut einhüllen. Im heißen Ofen ca. 1 Std. backen. Nicht mit Brühe begießen, sondern nur kurz vor Garzeitende mit ein wenig Sahne beträufeln.

1 Die Steinpilze mit 125 ml heißem Wasser übergießen und quellen lassen. Von der Semmel die Kruste abreiben (aufheben), die Semmel in kaltem Wasser einweichen. Die Zwiebel schälen und sehr fein hacken. In einem Töpfchen 1 EL Butter erhitzen, die Zwiebel darin hellgelb andünsten, vom Herd nehmen. Den Backofen auf 220° vorheizen.

2 Das Hackfleisch in eine Schüssel füllen. Die Semmel fest ausdrücken und zum Hack geben. Die Steinpilze aus dem Einweichwasser nehmen (das Wasser aufheben), ausdrücken und fein hacken. Die etwas abgekühlte Zwiebel samt Butter mit den Pilzen und dem Ei zum Hackfleisch geben, die Mischung mit Salz, Pfeffer und einer guten Prise Muskat würzen und kräftig durchkneten. Falls die Masse zu weich ist, etwas von der abgeriebenen Semmelkruste untermischen. Den Hackteig zu einem länglichen, stollenähnlichen Laib formen.

3 Einen flachen Bräter mit etwas Butter ausstreichen und den Hackbraten hineinsetzen. Die restliche Butter erhitzen und heiß über den Braten gießen. In den Ofen (Mitte, Umluft 200°) schieben und den Hackbraten 45–50 Min. garen, bis er schön gebräunt ist, dabei ab und zu mit etwas Rinderbrühe begießen. Ca. 10 Min. vor Ende der Bratzeit den Rahm über den Braten gießen.

4 Den Hackbraten auf eine Servierplatte heben und warm stellen. Den Bratfond im Bräter mit dem Pilzeinweichwasser unter Rühren loskochen, mit Salz und Pfeffer abschmecken und durch ein Sieb in eine Sauciere gießen. Den Braten in Scheiben schneiden und mit der Sauce servieren. Dazu schmecken Salzkartoffeln oder Kartoffelpüree.

Bühler Schnitzeltaschen

raffiniert | Zubereitung: ca. 45 Min. | Pro Portion: ca. 305 kcal

Für 4 Personen

4 Schmetterlingssteaks vom Schwein (je ca. 150 g) | Salz | Pfeffer | 125 g weiche Dörrpflaumen ohne Stein | 1 Zimtstange | 4 Gewürznelken | 2 EL Mehl | 2 EL Butterschmalz 2 Zwiebeln | 75 ml Fleischbrühe | 75 ml Rotwein (Spätburgunder; ersatzweise roter Traubensaft) | Rouladennadeln oder Holzzahnstocher

1 Steaks trocken tupfen und leicht klopfen. Innen und außen salzen und pfeffern. Mit Dörrpflaumen, je 1/4 Zimtstange und 1 Nelke füllen. Öffnungen mit Rouladennadeln oder Zahnstochern zustecken. Die Schnitzel im Mehl wenden, Überschuss abklopfen.

2 Das Butterschmalz in einer Pfanne erhitzen. Die Schnitzeltaschen darin bei schwacher bis mittlerer Hitze in ca. 10 Min. pro Seite nicht zu braun braten. Inzwischen Zwiebeln schälen und fein hacken. Zum Schluss zwischen die Schnitzel streuen und hellbraun braten.

3 Brühe und Wein angießen, aufkochen und 2–3 Min. köcheln lassen, salzen und pfeffern. Vom Herd nehmen, zugedeckt 5 Min. ziehen lassen. Mit Kartoffelpüree servieren.

Clever tauschen

In **dicke Putensteaks** eine Tasche einschneiden, mit gehackten Champignons und Salzmandeln füllen.

Württembergische Kalbsvögerl

bodenständig-fein | Zubereitung: ca. 30 Min. Garen: ca. 45 Min. | Pro Portion: ca. 370 kcal

Für 4 Personen

4 dünne Kalbsschnitzel (je ca. 150 g) 1 Semmel (Brötchen) vom Vortag | 1 Zwiebel 50 g gekochter Schinken | 2 EL gehackte Petersilie | 1 Ei (Größe M) | Salz | Pfeffer Muskatnuss, frisch gerieben | 1 Bio-Zitrone 4 Scheiben Frühstücksspeck | 2 EL Mehl 3 EL Butter | 200 ml kräftige Fleischbrühe 150 ml trockener Weißwein | Rouladennadeln

1 Die Schnitzel trocken tupfen und leicht klopfen. Die Semmel in kaltem Wasser einweichen, fest ausdrücken. Die Zwiebel schälen, mit dem Schinken fein hacken. Beides mit Semmel, Petersilie und dem Ei mischen. Mit Salz, Pfeffer, Muskat und etwas abgeriebener Zitronenschale würzen, kräftig durchkneten. Die Schnitzel mit Speck belegen, mit Semmelmasse bestreichen und aufrollen. Mit Rouladennadeln feststecken.

2 Kalbsvögerl salzen, in Mehl wenden. In einer Schmorpfanne Butter zerlassen, Rouladen bei mittlerer Hitze rundherum in ca. 10 Min. hellbraun anbraten. Brühe und Wein angießen, zugedeckt bei schwacher Hitze ca. 45 Min. schmoren. Sauce mit Salz, Pfeffer und Zitronensaft abschmecken. Rouladennadeln entfernen, die Kalbsvögerl mit der Sauce servieren.

Schweinefilet mit Waldpilzen

würzig | Zubereitung: ca. 45 Min. | Pro Portion: ca. 310 kcal

Für 4 Personen

600 g Schweinefilet
   (aus dem dickeren Teil)
250 g frische Waldpilze
   (z. B. Steinpilze, Maronen)
2 Zwiebeln
30 g durchwachsener Speck
2 EL Öl
Salz | Pfeffer
1 EL Butter
1 EL Zucker
250 ml Fleischbrühe (Rezept
   Seite 47 oder Instant)
150 ml dunkles Bier
   (ersatzweise Malzbier)
je 4 kleine Zweige Thymian
   und Rosmarin

1 Das Schweinefilet trocken tupfen und in 4 Stücke teilen. Die Pilze säubern und in Scheiben schneiden. Den Backofen auf 100° (Umluft 90°) vorheizen. Die Zwiebeln schälen und fein hacken. Den Speck ohne Schwarte klein würfeln.

2 In einer Pfanne das Öl erhitzen. Die Filetstücke salzen, pfeffern und bei mittlerer Hitze rundum 10 Min. anbraten. Herausheben, in Alufolie wickeln und im Ofen ca. 20 Min. nachziehen lassen. Die Butter in die Pfanne geben, die Speckwürfel darin glasig dünsten. Zwiebeln und Pilze zugeben und unter Rühren braten, bis die Pilzflüssigkeit verdampft ist. Den Zucker darüberstreuen, leicht bräunen lassen. Brühe und Bier angießen. Kräuterzweige waschen, hinzufügen und alles offen ca. 10 Min. einkochen lassen.

3 Die Filetstücke aus der Folie nehmen und in Scheiben schneiden (den Fleischsaft zur Sauce gießen). Auf Tellern anrichten. Die Pilzsauce mit Salz und Pfeffer abschmecken und darüber verteilen. Mit den Kräuterzweigen garnieren. Dazu passen Bandnudeln.

edle Stücke | MIT FLEISCH

Schwäbischer Filettopf

zum Verwöhnen | *Zubereitung: ca. 45 Min.* | *Pro Portion: ca. 650 kcal*

Für 4 Personen

je 4 kleine Filetsteaks von
  Rind, Kalb und Schwein
  (insgesamt ca. 500 g)
100 g kleine Champignons
1 Zwiebel
2 Sardellenfilets in Salzlake
200 g Sahne
100 g saure Sahne
250 g Spätzle (Fertigprodukt)
Salz | 2 EL Butter
Pfeffer | 2 EL Butterschmalz
1 TL edelsüßes Paprikapulver
1 EL Schnittlauchröllchen
Zitronenviertel zum Beträufeln

Außerdem:

4 Portions-Steinguttöpfchen

1 Den Backofen auf 75° (Umluft 65°) vorheizen, die Steinguttöpfchen darin erwärmen. Steaks leicht klopfen. Pilze putzen und in Scheiben schneiden. Zwiebel schälen und fein hacken. Sardellenfilets abspülen, trocken tupfen und fein schneiden. Sahne und saure Sahne verquirlen.

2 Spätzle nach Packungsangabe in Salzwasser bissfest kochen, abgießen und mit der Butter vermischen. Auf die Töpfchen verteilen, im Ofen warm halten. Steaks salzen und pfeffern. In einer Pfanne im Butterschmalz bei mittlerer bis starker Hitze 2–3 Min. je Seite braten, auf die Spätzle verteilen. Im Bratfett Zwiebel und Pilze 5 Min. anbraten. Sardellen und Paprikapulver unterrühren, Sahnemischung angießen, aufkochen lassen. Salzen und pfeffern, über Filets und Spätzle gießen. Mit Schnittlauch und Zitronenvierteln garnieren.

Preiswerte Variante

Statt der teuren Kalbssteaks können Sie ebenso gut **Putenschnitzel** verwenden; diese in filetgroße Stücke schneiden.

sanft geschmort | MIT FLEISCH

Lamm mit Bohnen

raffiniert | *Zubereitung: ca. 30 Min.*
Garen: ca. 45 Min. | *Pro Portion: ca. 370 kcal*

Für 4 Personen

500 g mageres Lammfleisch (Lende oder Keule)
400 g grüne Bohnen | 2 Zwiebeln | 2 Knoblauchzehen | 3 EL Butterschmalz | je 1 EL edelsüßes und rosenscharfes Paprikapulver
Salz | Pfeffer | 1/2 l Fleischbrühe (Rezept Seite 47 oder Instant) | 1 Dose weiße Bohnen (400 g) | 1 EL gehackte Petersilie

1 Das Fleisch trocken tupfen und ca. 2 cm groß würfeln. Bohnen waschen, putzen und in 5 cm lange Stücke schneiden. Zwiebeln und Knoblauch schälen, fein hacken. Butterschmalz in einem Schmortopf erhitzen, das Fleisch darin portionsweise anbraten, herausnehmen. Zwiebeln und Knoblauch anbraten, Fleisch wieder dazugeben, mit beiden Paprikasorten, Salz und Pfeffer würzen. Brühe angießen und aufkochen lassen.

2 Die Bohnen einrühren und 5 Min. offen garen, dann zugedeckt bei schwacher Hitze 40 Min. schmoren lassen. Weiße Bohnen in einem Sieb kalt überbrausen, abtropfen lassen und dazugeben. Das Ragout mit Salz und Pfeffer abschmecken, 5 Min. ziehen lassen. Mit Petersilie bestreut servieren. Dazu passen kleine Salzkartoffeln.

Clever variieren

Das Ragout schmeckt auch mit **dicken Bohnen** (Palbohnen). Oder nur 200 g grüne Bohnen nehmen, **2 Möhren** in Stifte schneiden und mitgaren.

Kaninchenragout

würzig | *Zubereitung: ca. 30 Min.*
Garen: ca. 45 Min. | *Pro Portion: ca. 775 kcal*

Für 4 Personen

1 kg Kaninchenteile (evtl. TK und aufgetaut)
Salz | Pfeffer | 1 EL Öl | 1 EL Butter
3–4 EL Mehl | 2 Knoblauchzehen
350 ml Weißwein | je 1 TL getrockneter Majoran und Thymian | 150 ml Hühnerbrühe (Instant) | 200 g Sahne | Muskatnuss, frisch gerieben | 1 EL feine Schnittlauchröllchen

1 Kaninchenteile kalt abspülen und trocken tupfen, salzen und pfeffern. Öl und Butter im Schmortopf erhitzen. Kaninchenstücke in Mehl wenden und bei mittlerer Hitze rundum in ca. 10 Min. hellbraun anbraten. Die ungeschälten Knoblauchzehen zugeben. Die Hälfte des Weins angießen und offen ca. 10 Min. einkochen lassen. Die Kräuter zugeben, übrigen Wein und Brühe angießen, bei schwacher Hitze zugedeckt ca. 45 Min. schmoren lassen.

2 Backofen auf 70° (Umluft 60°) vorheizen. Kaninchenstücke auf einer Platte warm stellen. Sahne zur Sauce gießen, bei starker Hitze ca. 5 Min. einkochen. Mit Salz, Pfeffer und Muskat abschmecken, über das Fleisch gießen und mit Schnittlauch bestreuen.

Tipp aus Omas Kochkiste

Die **Kaninchenteile** über Nacht in Rotwein mit zerdrückten Wacholderbeeren, Piment- und Pfefferkörnern **marinieren.** Rotwein zum Aufgießen nehmen – dann schmeckt's wie Wildkaninchen.

vorne: Kaninchenragout | hinten: Lamm mit Bohnen

Festtagsschmaus | MIT FLEISCH

Hessischer Kalbsnierenbraten

würzig-fein | *Zubereitung: ca. 45 Min.* | *Garen: ca. 2 Std.* | *Pro Portion: ca. 435 kcal*

Für 8 Personen

1,5 kg Kalbsnierenstück aus dem Rücken (vom Metzger zum Rollen vorbereiten lassen)
1 Kalbsniere (beim Metzger vorbestellen)
Salz | Pfeffer
2 TL getrockneter Thymian
2 Zwiebeln
3 Möhren
1/4 Sellerieknolle (ca. 175 g)
3 EL Butterschmalz
250 ml Fleischbrühe (Rezept Seite 47 oder Instant)
2 Lorbeerblätter
250 ml trockener Weißwein
250 g Sahne
1 EL Kartoffelmehl

Außerdem:

Küchengarn

1 Das Fleisch auf der Arbeitsfläche ausbreiten und trocken tupfen. Die Kalbsniere längs halbieren, Fett und Röhren entfernen (**Bild 1**). Die Kalbsnierenhälften auf das Fleisch legen, salzen und pfeffern, fest aufrollen und mit Küchengarn zum Rollbraten binden (**Bild 2**). Den Braten rundum mit Salz, Pfeffer und Thymian würzen.

2 Zwiebeln, Möhren und Sellerie schälen und klein würfeln. Den Backofen auf 175° vorheizen. In einem Bräter das Butterschmalz erhitzen, den Braten darin bei mittlerer Hitze in ca. 15 Min. rundum braun anbraten. In den letzten 5 Min. die Zwiebel- und Gemüsewürfel zugeben und mitschmoren. Die Lorbeerblätter in die Brühe geben; diese erhitzen.

3 Wenn das Gemüse leicht gebräunt ist, mit etwas Brühe ablöschen. Den Bräter zugedeckt in den Ofen stellen (unten, Umluft 160°) und den Braten ca. 2 Std. garen, gelegentlich wenden und die restliche Brühe angießen. Wenn sie aufgebraucht ist, heißes Wasser nehmen – es soll immer ca. 3 cm hoch Flüssigkeit im Topf sein.

4 Den Braten herausnehmen, in Alufolie wickeln und auf einer Platte im abgeschalteten, leicht geöffneten Ofen warm halten. Den Bratfond mit dem Wein ablöschen und aufkochen lassen. Die Sahne mit dem Kartoffelmehl glatt verrühren und zugießen. Noch einmal unter kräftigem Rühren aufkochen lassen, bis die Sauce bindet. Die Sauce durch ein Sieb streichen (**Bild 3**) und wieder erhitzen.

5 Das Küchengarn entfernen, den Braten in dicke Scheiben schneiden und auf der warmen Servierplatte anrichten. Mit der Sauce übergießen und servieren. Dazu passen Kartoffelklöße und Rosenkohl sowie ein hessischer Riesling.

Tipp aus Omas Kochkiste

Noch mehr Aroma bekommt der Braten, wenn Sie ihn statt mit Salz, Pfeffer und Thymian mit Siebengewürz (Rezept S. 16) einreiben.

… > Festtagsschmaus | MIT FLEISCH

Rollbraten

deftig | Zubereitung: ca. 45 Min.
Garen: ca. 1 Std. 20 Min. | Pro Portion: ca. 530 kcal

Für 8 Personen

1,2 kg Schweinebauch (vom Metzger zum Rollen vorbereiten lassen) | Salz | Pfeffer
1 TL gemahlener Kümmel | 300 g Wirsing
1 Zwiebel | 3 EL Butterschmalz
1 EL Senf | 200 g grobe Leberwurst
1 kleine Stange Lauch | 2 Möhren
1/4 Sellerieknolle | 1/2 l Brühe | Küchengarn

1 Das Fleisch mit Salz, Pfeffer und Kümmel würzen. Wirsing in Streifen schneiden, in Salzwasser 5 Min. blanchieren, kalt abschrecken und abtropfen lassen. Zwiebel schälen und hacken, in 1 EL Butterschmalz dünsten. Mit Wirsing, Senf und Leberwurst vermischen. Auf das Fleisch streichen, aufrollen, mit Küchengarn binden. Den Backofen auf 250° vorheizen.

2 Lauch, Möhren und Sellerie putzen, waschen und klein würfeln. In einem Bräter das restliche Butterschmalz erhitzen und den Braten bei mittlerer Hitze rundum 10 Min. anbraten, das Gemüse 5 Min. mitbraten. Mit etwas Brühe ablöschen. Im Ofen (unten, Umluft 225°) offen ca. 20 Min. braten. Hitze auf 180° (Umluft 165°) reduzieren, etwas Brühe angießen, den Braten zugedeckt 1 Std. garen, dabei ab und zu wenden und Brühe ergänzen.

3 Den Braten in Scheiben schneiden. Bratfond samt Gemüse pürieren und dazu reichen. Dazu schmecken Kartoffelknödel.

Böfflamod

bayerisch-würzig
Zubereitung: ca. 45 Min. | Marinieren: ca. 12 Std.
Garen: ca. 2 Std. 30 Min. | Pro Portion: ca. 335 kcal

Für 4 Personen

750 g Rindfleisch zum Schmoren | 2 Zwiebeln
1 Möhre | 1/2 Stange Lauch | je 1 TL Pfefferkörner, Pimentkörner und Wacholderbeeren
40 ml Essig | 250 ml kräftiger Rotwein
150 g Champignons | Salz | 2 EL Öl
100 ml Fleischbrühe | 10 cm dunkle Brotrinde
100 g saure Sahne | 1 TL Kartoffelmehl

1 Das Fleisch trocken tupfen. 1 Zwiebel und die Hälfte des Gemüses schälen bzw. putzen und klein schneiden. Gewürzkörner zerdrücken. Mit Essig und Wein zum Fleisch geben. Zugedeckt ca. 12 Std. im Kühlschrank marinieren.

2 Zwiebel und übriges Gemüse schälen und sehr klein würfeln. Pilze putzen, in Scheiben schneiden. Fleisch aus der Marinade heben, trocken tupfen, salzen. Das Öl im Schmortopf erhitzen, das Fleisch darin bei mittlerer Hitze ca. 15 Min. anbraten, zum Schluss Zwiebel, Gemüse und Pilze mitbraten. Nach und nach die Marinade durch ein Sieb angießen. Brühe und Brotrinde zugeben. Zugedeckt bei schwächster Hitze ca. 2 Std. 30 Min. schmoren, bei Bedarf Wasser ergänzen.

3 Das Fleisch herausheben und in Scheiben schneiden. Saure Sahne und Kartoffelmehl verrühren, die Sauce damit binden, über das Fleisch gießen. Dazu passen Semmelknödel.

vorne: Rollbraten | hinten: Böfflamod

Festtagsschmaus | MIT FLEISCH

Rheinischer Sauerbraten

pikant-säuerlich | Zubereitung: ca. 30 Min. | Marinieren: 4 Tage
Garen: ca. 2 Std. 30 Min. | Pro Portion: ca. 540 kcal

Für 4 Personen

800 g Rinderbraten (Hüfte, Schulter oder Hochrippe ohne Knochen)
1 Zwiebel
1 großes Bund Suppengemüse
250 ml heller Essig
1 EL Pfefferkörner
5 Wacholderbeeren
3 Gewürznelken
1 Lorbeerblatt
Salz | Pfeffer
50 g Butterschmalz
50 g Saucenlebkuchen (ersatzweise dunkle Brotrinden)
50 g Rosinen
1 EL dunkler Rübensirup (ersatzweise Waldhonig)

Tipps aus Omas Kochkiste

Das Fleisch für **Sauerbraten** darf **nicht zu mager** sein, sonst wird der Braten trocken. Und beim Anbraten nicht mit **Fett** sparen, damit es eine schöne Kruste gibt. Zuviel Fett lieber nach dem Anbraten weggießen.

1 Das Fleisch trocken tupfen, in eine Schüssel legen. Die Zwiebel und das Suppengemüse schälen bzw. putzen und grob würfeln. In einen Topf geben, mit dem Essig, den Gewürzen und 1 1/4 l Wasser einmal aufkochen, dann abkühlen lassen. Das Fleisch mit der Marinade übergießen und abgedeckt 3–4 Tage im Kühlschrank ziehen lassen, das Fleisch ab und zu wenden.

2 Dann das Fleisch aus der Marinade heben, trocken tupfen und mit Salz und Pfeffer würzen. In einem Bräter das Butterschmalz erhitzen. Das Fleisch darin bei mittlerer bis starker Hitze rundum in ca. 15 Min. anbräunen.

3 Das Gemüse mit einem Schaumlöffel aus der Marinade heben, abtropfen lassen, zum Fleisch geben und ebenfalls gut anbraten. Mit ca. 375 ml Marinade und 125 ml Wasser ablöschen, den Saucenlebkuchen dazubröckeln. Zugedeckt bei schwacher Hitze 2 Std.–2 Std. 30 Min. schmoren lassen, dabei ab und zu weitere Marinade, jeweils mit gleicher Menge Wasser verdünnt, angießen.

4 Kurz vor Ende der Garzeit den Backofen auf 75° (Umluft 60°) vorheizen. Das Fleisch aus der Sauce heben und auf einer Servierplatte im Ofen warm halten. Die Sauce durch ein Sieb streichen, zurück in den Topf geben und aufkochen lassen. Die Rosinen und den Rübensirup zugeben, einmal aufkochen lassen und mit Salz und Pfeffer abschmecken. Das Fleisch aufschneiden und mit der Sauce übergießen. Dazu Salzkartoffeln, Kartoffelknödel oder Püree servieren.

Hähnchen mit schwarz-weißer Sauce

macht was her
Zubereitung: ca. 1 Std. | Pro Portion: ca. 730 kcal

Für 4 Personen

4 große Hähnchenkeulen (je ca. 250 g)
Salz | Pfeffer | 10 g getrocknete Spitzmorcheln | 250 g kleine weiße Champignons
1 EL Zitronensaft | 1 Zwiebel
3 EL Butter | 300 ml Hühnerbrühe (Instant)
100 ml Weißwein (ersatzweise heller Traubensaft) | 100 g Sahne

1 Die Hähnchenkeulen durchs Gelenk zerteilen, kalt abwaschen und trocken tupfen. Mit Salz und Pfeffer würzen. Die Spitzmorcheln mit ca. 200 ml warmem Wasser in einen Mixbecher geben und kräftig schütteln, damit der Sand aus den Falten gespült wird. Bis zur Verwendung quellen lassen. Die Champignons putzen, in dünne Scheiben schneiden und mit Zitronensaft beträufeln. Die Zwiebel schälen und sehr fein hacken.

2 In einem Schmortopf 2 EL Butter erhitzen. Die Hähnchenteile darin bei mittlerer Hitze in ca. 10 Min. rundum braun braten, dann aus dem Topf heben. Die Hitze reduzieren und die Zwiebel und die Champignons im Bratfett unter Rühren hell andünsten. Die Hühnerbrühe und den Wein angießen, die Hähnchenteile in die Sauce legen und zugedeckt bei schwacher Hitze ca. 30 Min. schmoren lassen.

3 Die Morcheln im Becher nochmals schütteln, abtropfen lassen, leicht ausdrücken und klein schneiden. Die restliche Butter in einem Pfännchen erhitzen, die Morcheln darin bei mittlerer Hitze 5 Min. dünsten. Die Hähnchensauce eventuell offen noch ein wenig einkochen lassen. Die Sahne unterrühren und mit Salz und Pfeffer abschmecken. Die Morcheln unter die Sauce mischen. Am besten mit Kartoffelpüree servieren.

Variante: Lorbeer-Hähnchen

Für 4 Portionen | 4 **Hähnchenkeulen** kalt abwaschen und trocken tupfen, an der dickeren Seite die Haut etwas vom Fleisch lösen und jeweils **1 Lorbeerblatt** unter die Haut schieben. Die Hähnchenkeulen mit **Salz** und **Pfeffer** würzen, mit **jeweils 1 TL zerlassener Butter** bestreichen und auf ein Backblech legen. Im Backofen bei 220° (Umluft 200°) ca. 20 Min. braten, dann die Hähnchenkeulen wenden, noch einmal mit **je 1 TL zerlassener Butter** bestreichen und weitere 15–20 Min. backen, bis sie schön gebräunt und knusprig sind.

Variante: Butter-Hähnchen

Für 4 Portionen | 4 **Hähnchenbrustfilets** salzen und pfeffern. Hauchdünn mit **Mehl** bestreuen und in einer Pfanne in **3 EL Butter** bei starker Hitze pro Seite ca. 3 Min. braten, bis sie schön gebräunt sind. Aus der Pfanne heben und warm stellen. Weitere **3 EL Butter** in die Pfanne geben und hellbraun rösten. **2 EL Weißwein oder Hühnerbrühe** angießen, über die Hähnchenfilets gießen und servieren.

Festtagsschmaus | MIT GEFLÜGEL

Gefüllte Gans
mit Blaukraut

klassisch bayrisch | Zubereitung: ca. 1 Std. | Garen: ca. 4 Std. | Pro Portion: ca. 980 kcal

Für 6 Personen

Für die Gans:

1 Frühmastgans (ca. 3,5 kg)
Essig | Salz
Pfeffer
1 säuerlicher Apfel (Boskop)
1 Zwiebel
2 EL helle Rosinen
2 TL getrockneter Beifuß
2 TL Kartoffelmehl,
 ersatzweise Speisestärke

Für das Blaukraut:

1 kg Blaukraut (Rotkohl)
1 große Zwiebel
1 Apfel
2 EL Gänsefett (von der Brühe)
2 EL Zucker
2 TL Wacholderbeeren
3 Gewürznelken
1 Lorbeerblatt | Essig

Außerdem:

Holzzahnstocher
Küchengarn

1 Die Gans waschen und trocken tupfen. Innen und außen mit etwas Essig abreiben, salzen und pfeffern. Mit der Brust nach unten in einen Bräter legen, mit ca. 1/2 l kochendem Wasser übergießen (**Bild 1**). Zugedeckt bei schwacher bis mittlerer Hitze 1 Std. sanft kochen lassen. Gans herausheben, die Brühe abgießen und abkühlen lassen. Ofen auf 220° vorheizen.

2 Den Apfel schälen, vierteln und ohne Kerngehäuse klein schneiden. Zwiebel schälen, vierteln und mit Apfel, Rosinen und Beifuß in den Gänsebauch füllen (**Bild 2**), die Öffnung zustecken und mit Küchengarn binden (**Bild 3**). Gans mit der Brust nach unten in den Bräter legen und offen im heißen Ofen (unten, Umluft 200°) ca. 1 Std. 30 Min. braten.

3 Von der Gänsebrühe das Fett abschöpfen, die Gans ab und zu mit etwas Brühe übergießen. Sobald die Oberseite gut gebräunt ist, die Gans wenden und weitere 1 Std. 30 Min. garen, regelmäßig mit Brühe (oder Wasser) begießen.

4 Inzwischen das Blaukraut putzen, in Streifen schneiden. Zwiebel und Apfel schälen und klein würfeln und in 2 EL Gänsefett andünsten. Zucker darüberstreuen und leicht bräunen. Blaukraut unterrühren und knapp mit Wasser bedecken. Salzen, Wacholder, Nelken und Lorbeerblatt hinzufügen und zugedeckt bei schwacher Hitze knapp 1 Std. schmoren lassen. Kräftig mit Essig abschmecken.

5 Die Gans zum Schluss mit starkem Salzwasser bestreichen und die Haut knusprig braten. Aus dem Bräter heben. Bratfond mit etwas Wasser aufkochen. Kartoffelmehl mit kaltem Wasser anrühren, die Sauce damit binden. Die Gans tranchieren und mit der Füllung und dem Blaukraut servieren, die Sauce dazu reichen.

Gemüse, Nudeln & Beilagen

Früher waren Gemüse und Beilagen die Hauptsache. Zum Sattwerden. Nudeln hat Oma selbst gemacht. Das hat sich grundlegend geändert. Aber es ist durchaus vergnüglich, alte Gerichte neu aufzustöbern …

Für 4 Personen

1,5 kg dicke Schmorgurken
 (ersatzweise Salatgurken)
75 g durchwachsener Speck
2 EL Öl | 2 EL Mehl
200 ml kräftige Fleischbrühe
 (Rezept Seite 47 oder Instant)
2 EL Weißweinessig
je 1 Bund Dill und Schnittlauch
Salz | Pfeffer

Pfälzer Gurkengemüse

fein säuerlich | *im Bild links*
Zubereitung: ca. 35 Min. | *Pro Portion: ca. 220 kcal*

1. Die Gurken schälen, der Länge nach halbieren und mit einem Löffel die Kerne herausschaben. Die Gurkenhälften in ca. 1 cm dicke Scheiben schneiden. Den Speck ohne Schwarte sehr fein würfeln.

2. In einem Schmortopf das Öl erhitzen, die Speckwürfel darin bei mittlerer Hitze in ca. 7 Min. leicht knusprig ausbraten. Das Mehl darüberstreuen und hell anrösten. Nach und nach die Brühe und den Essig unterrühren, einmal aufkochen lassen. Die Gurkenstücke untermischen und zugedeckt bei mittlerer Hitze ca. 15 Min. garen.

3. Den Dill und den Schnittlauch waschen, trocken schütteln und fein schneiden. Zum Schluss unter die Gurken mischen und mit Salz und Pfeffer abschmecken. Passt gut zu Bratwürstchen und Pellkartoffeln.

bunt gemischt | GEMÜSE

Leipziger Allerlei

frühlingsfein | Zubereitung: ca. 1 Std. 15 Min. | Pro Portion: ca. 285 kcal

Für 4 Personen

10 g getrocknete Morcheln (Spitzmorcheln)
350 g weißer Spargel
1 TL Zucker | Salz
350 g Blumenkohl
250 g kleine weiße Rübchen (möglichst Teltower)
75 ml Weißwein
50 g Nussbutter (s. Seite 17)
250 g zarte Möhren
100 g Zuckerschoten
200 g Flusskrebsschwänze (aus dem Kühlregal)
2 EL Mehl
1 EL frische Butter
100 g Schmant (dicke süße Sahne, ersatzweise Crème double)
Pfeffer
Muskatnuss, frisch gerieben
1 EL fein geschnittener Kerbel

Clever tauschen
Statt der Rübchen können Sie auch **Kohlrabi** nehmen. Und der Schmant lässt sich problemlos durch **Crème double** ersetzen.

1 Die Morcheln waschen. In ca. 100 ml lauwarmem Wasser in einem Mixbecher einweichen, ab und zu schütteln, damit der Sand aus den Falten der Pilze geschwemmt wird.

2 Den Spargel waschen und schälen. Die Schalen mit ca. 200 ml Wasser, dem Zucker und etwas Salz in einem Topf ca. 10 Min. auskochen. Die Spargelstangen in ca. 5 cm lange Stücke schneiden. Den Blumenkohl in kleine Röschen zerteilen und waschen. Die Rübchen schälen und vierteln. Den Spargelsud durch ein Sieb gießen und wieder in den Topf füllen. Wein und Nussbutter zugeben und aufkochen lassen. Spargel, Blumenkohl und Rübchen darin zugedeckt bei mittlerer Hitze in ca. 15 Min. bissfest kochen.

3 Inzwischen die Möhren schälen, in ca. 3 cm lange Stücke schneiden und olivenförmig zurechtschnitzen. Die Zuckerschoten waschen, putzen und quer halbieren.

4 Das gare Gemüse mit einem Schaumlöffel in eine Schüssel heben, die Möhrenstücke in die Brühe geben und zugedeckt 10 Min. garen. Die Morcheln abtropfen lassen und leicht ausdrücken. Mit den Zuckerschoten zu den Möhren geben und nun offen bei stärkerer Hitze noch 7 Min. kochen lassen. Die Krebsschwänze in einem Sieb kalt abbrausen und abtropfen lassen. Das Mehl mit der Butter verkneten, den Schmant glatt rühren.

5 Das Gemüse mit dem Schaumlöffel in die Schüssel heben. Die Mehlbutter in die Kochbrühe einrühren, aufkochen lassen, bis die Sauce bindet. Den Schmant einrühren und mit Salz, Pfeffer und Muskat abschmecken. Das Gemüse vorsichtig untermischen und erhitzen. Mit den Flusskrebsschwänzen garnieren und mit Kerbel bestreut servieren.

Spargel polnische Art

vegetarisch
Zubereitung: ca. 45 Min. | Pro Portion: ca. 515 kcal

Für 4 Personen

1,5 kg weißer Spargel | Salz | Zucker
1 Bio-Zitronenscheibe | 150 g Butter
1 Bund Petersilie | 6 hart gekochte Eier
4 EL Semmelbrösel

1 Den Spargel waschen und mit dem Spargel- oder groben Sparschäler von der Spitze zum Ende hin schälen. Die Enden abschneiden. Die Schalen in einem großen Topf oder Spargelkochtopf mit reichlich Wasser bedecken. Mit Salz, 1 guten Prise Zucker, Zitrone und 1 EL Butter aufkochen. Die Spargelstangen mit Küchengarn zu vier Bündeln binden. In den Topf legen und zugedeckt bei mittlerer Hitze in 15–20 Min. nicht zu weich kochen.

2 Die Petersilie waschen und trocken schütteln. Die Eier pellen und beides hacken. Die restliche Butter aufschäumen lassen, die Semmelbrösel darin unter Rühren hellbraun anrösten. Die Spargelbündel aus dem Topf heben, abtropfen lassen und die Fäden entfernen. Auf Tellern anrichten, die Butterbrösel darüber verteilen und mit Petersilie und gehackten Eiern bestreut servieren. Dazu passen neue Pellkartoffeln.

Clever genießen
Mit **gekochtem Schinken** oder **kleinen Steaks** wird dieses Frühlingsgericht so richtig sättigend.

Grüne Bohnen mit Pfifferlingen

würzig
Zubereitung: ca. 45 Min. | Pro Portion: ca. 165 kcal

125 g kleine Pfifferlinge | 500 g grüne Bohnen
3 Zweige Bohnenkraut | Salz | 1 Zwiebel
2 Knoblauchzehen | 50 g durchwachsener Speck | 2 EL Butter | Pfeffer | Zucker

1 Die Pfifferlinge putzen und mit einem Pinsel und Küchenpapier säubern (möglichst nicht waschen), größere Pilze längs halbieren. Die Bohnen waschen, die Enden abschneiden. Das Bohnenkraut waschen, die Spitzen abzupfen. Reichlich Wasser mit den Bohnenkrautstängeln aufkochen, kräftig salzen und die Bohnen darin in 8–12 Min. offen sprudelnd bissfest kochen.

2 Zwiebel und Knoblauch schälen und fein hacken. Speck ohne Schwarte in Streifen schneiden. In einer Pfanne die Butter erhitzen und den Speck bei mittlerer Hitze glasig anbraten. Zwiebel, Knoblauch und Pilze zugeben und unter Rühren braten, bis der Pilzsaft verdampft ist.

3 Bohnen in ein Sieb abgießen, kalt abbrausen und abtropfen lassen. In die Pfanne geben. Bohnenkrautspitzen untermischen, mit Salz, Pfeffer und einer Prise Zucker würzen, alles nur kurz heiß werden lassen und servieren.

Clever variieren
Schmeckt auch mit **breiten grünen Bohnen** – diese schräg in ca. 2 cm breite Streifen schneiden.

Grünkohl mit Cervelat

herzhaft | Zubereitung: ca. 30 Min. | Garen: ca. 1 Std. 45 Min. | Pro Portion: ca. 450 kcal

Für 4 Personen

1,5 kg frischer Grünkohl
   (ersatzweise 900 g TK)
Salz | 3 Zwiebeln
2 EL Butterschmalz
1 TL Zucker
1/2 l kräftige Fleischbrühe
   (Rezept Seite 47 oder Instant)
300 g Cervelatwurst
   (Kochsalami)
1 kleine Kartoffel | Pfeffer
Muskatnuss, frisch gerieben

Clever variieren

Für westfälisches **»Moos« mit Mettwurst** 200 g durchwachsenen Speck von Anfang an und 200 g schnittfeste Mettwurst (Mettenden) nach 1 Std. zum Kohl geben.

1 Die Grünkohlblätter von den Rippen streifen, gründlich waschen und in reichlich kochendem Salzwasser ca. 5 Min. garen. In ein Sieb abgießen, kalt abbrausen und abtropfen lassen. Die Blätter ausdrücken und grob hacken.

2 Die Zwiebeln schälen, grob würfeln und in einem Schmortopf im Schmalz goldgelb andünsten. Zucker und Grünkohl zugeben. Die Brühe angießen, aufkochen und zugedeckt bei schwacher Hitze ca. 1 Std. garen.

3 Die Cervelatwurst im Stück dazulegen und weitere 30 Min. sanft kochen lassen, bei Bedarf etwas Wasser angießen.

4 Die Wurst herausnehmen. Die Kartoffel schälen, auf einer Gemüsereibe zum Grünkohl reiben, ca. 10 Min. garen, bis der Kohl sämig bindet. Mit Salz, Pfeffer und Muskat abschmecken. Wurst in Scheiben oder Würfel schneiden, im Grünkohl heiß werden lassen. Mit Salzkartoffeln servieren.

deftig kombiniert | GEMÜSE

Spreewälder Rote Bete

raffiniert | Zubereitung: ca. 1 Std. 15 Min. | Pro Portion: ca. 535 kcal

Für 4 Personen

800 g kleine Rote Beten
2 Zwiebeln | 2 Knoblauchzehen
40 g fetter Speck | 1 TL Butter
350 ml Fleischbrühe (Instant)
2 EL Essig | Salz
Pfeffer | Zucker
800 g ganz kleine festkochende Kartoffeln | 2 frische grobe Bratwürste (je ca. 175 g)
100 g saure Sahne
1 Stück frischer Meerrettich

Tipp aus Omas Kochkiste

Keine Gummihandschuhe zur Hand? Flecken von Roten Beten auf der Haut hat Oma mit Zitronensaft entfernt.

1 Die Roten Beten waschen, mit Gummihandschuhen schälen und vierteln. Zwiebeln und Knoblauch schälen und hacken. Speck klein würfeln. Im Schmortopf Speck und Butter auslassen. Zwiebeln und Knoblauch zugeben, goldgelb anbraten. Rote Beten zugeben und kurz anschmoren. Brühe und Essig angießen, mit Salz, Pfeffer und 1 Prise Zucker würzen. Zugedeckt bei schwacher Hitze ca. 45 Min. garen.

2 Inzwischen die Kartoffeln waschen, schälen und in wenig Salzwasser ca. 15 Min. kochen. Das Bratwurstbrät zu kleinen Klößchen aus der Pelle drücken, zu den Kartoffeln geben und weitere 10 Min. garen.

3 Wenn die Roten Beten gar sind und sich mit einem Messer leicht einstechen lassen, die saure Sahne mit 2 EL Kartoffelkochwasser glatt rühren und unter das Rote-Bete-Gemüse mischen. Kartoffeln und Brätklößchen aus dem Kochwasser heben und auf das Gemüse setzen. Den Meerrettich schälen, 2 EL voll grob raspeln und darüberstreuen.

lecker eingehüllt | GEMÜSE

Gefüllte Pfannkuchen
mit Lauch und Käse

vegetarisch | Zubereitung: ca. 1 Std. | Pro Portion: ca. 745 kcal

Für 4 Personen

Für die Pfannkuchen:

200 g Mehl
150 ml Milch
Salz | 2 Eier (Größe L)
Butterschmalz zum Braten

Für die Füllung:

2 dünne Stangen Lauch
Salz | 3 EL Butter
100 g Sahne
Pfeffer
Muskatnuss, frisch gerieben
150 g milder Camembert

Für die Sauce:

300 g Sahne
2 Knoblauchzehen
Salz | Pfeffer
3 EL gehackte Kräuter
   (Petersilie, Kerbel, Dill)

1 Für die Pfannkuchen Mehl mit Milch und 150 ml Wasser anrühren, 1 kräftige Prise Salz und die Eier unterrühren. Den Teig abgedeckt ca. 20 Min. quellen lassen.

2 Für die Füllung den Lauch putzen, längs aufschneiden, gründlich waschen und in Scheiben schneiden. In kochendem Salzwasser 2 Min. blanchieren, in ein Sieb abgießen, kalt überbrausen und abtropfen lassen. Die Butter in einem Topf erhitzen, den Lauch darin zugedeckt bei mittlerer Hitze ca. 5 Min. dünsten. Die Sahne angießen und kurz offen einkochen lassen. Mit Salz, Pfeffer und Muskat würzen. Den Camembert entrinden, in Stücke schneiden und untermischen. Die Füllung zugedeckt warm stellen. Den Backofen auf 80° (Umluft 65°) vorheizen.

3 In einer Pfanne jeweils 1 TL Butterschmalz erhitzen, aus jeweils 1 Kelle Teig nacheinander 8 dünne, helle Pfannkuchen backen. Mit etwas Lauch-Käse-Mischung füllen, einmal zusammenklappen und im Ofen warm stellen.

4 Für die Sauce die Sahne aufkochen. Knoblauch schälen und dazupressen. Ca. 5 Min. sanft kochen lassen, dann mit Salz und Pfeffer abschmecken, die Kräuter unterrühren. Die Pfannkuchen anrichten und mit der Sauce übergießen.

Tipp aus Omas Kochkiste

Machen Sie gleich ein paar Pfannkuchen mehr und verwenden Sie sie am nächsten Tag als **Suppeneinlage**.

Variante mit Wirsing

Für die Füllung 250 g Wirsing in Streifen schneiden. 1 Zwiebel und 70 g durchwachsenen Speck klein würfeln, in 2 EL Butter dünsten. Wirsing dazugeben, 100 ml Fleischbrühe und 100 g Sahne zugießen und zugedeckt in ca. 8 Min. weich dünsten. Mit 50 g geriebenem Käse und 3–4 EL Semmelbröseln binden.

von dick bis dünn | NUDELN

Schupfnudeln
mit Sauerkraut

herzhaft | Zubereitung: ca. 1 Std. 30 Min. | Pro Portion: ca. 470 kcal

Für 4 Personen

Für die Schupfnudeln:

750 g mehligkochende Kartoffeln
Salz | 1 Ei (Größe M)
1 Eigelb | ca. 100 g Mehl
Pfeffer | Muskatnuss, frisch gerieben | 50 g Butter
Mehl für die Arbeitsfläche

Für das Sauerkraut:

2 Zwiebeln
2 kleine säuerliche Äpfel (z. B. Boskop)
30 g Butterschmalz
1 EL Zucker
500 g Sauerkraut (möglichst frisch vom Fass)
250 ml Fleischbrühe (Rezept Seite 47 oder Instant)
2 TL Wacholderbeeren
1 TL Kümmel | 1 Lorbeerblatt
Salz | Pfeffer

Süße Variante
Die Schupfnudeln in der Pfanne zum Schluss mit **Zucker** und **Zimtpulver** bestreuen und zu **Apfelkompott** servieren.

1 Die Kartoffeln waschen, in Salzwasser aufsetzen und zugedeckt je nach Größe 25–35 Min. kochen (sie sollten nicht aufplatzen). Die Kartoffeln abgießen, ausdampfen lassen und noch warm pellen. Durch die Kartoffelpresse locker auf ein Holzbrett drücken (**Bild 1**) und völlig auskühlen lassen.

2 Für das Sauerkraut die Zwiebeln schälen und hacken. Die Äpfel schälen, vierteln und ohne Kerngehäuse klein würfeln. In einem Schmortopf das Butterschmalz zerlassen und die Zwiebeln darin bei mittlerer Hitze hellgelb andünsten. Die Apfelwürfel zugeben und leicht anbraten, den Zucker darüberstreuen und honiggelb karamellisieren lassen. Das Sauerkraut untermischen, die Brühe angießen und aufkochen lassen. Die Wacholderbeeren etwas zerdrücken und mit Kümmel und Lorbeerblatt zum Sauerkraut geben. Zugedeckt bei schwacher Hitze ca. 1 Std. garen.

3 Das Ei, das Eigelb und nach und nach so viel Mehl unter die Kartoffeln mischen, bis der Teig gut formbar ist. Mit Salz, Pfeffer und 1 guten Prise Muskat würzen. Aus der Kartoffelmasse auf der bemehlten Arbeitsfläche fingerdünne Rollen formen (**Bild 2**). In fingerlange Stücke teilen und diese mit der flachen Hand zu Nudeln rollen, die an den Enden dünner als in der Mitte sind (**Bild 3**).

4 Die Schupfnudeln in kochendes Salzwasser geben, 3–5 Min. bei schwacher Hitze sieden lassen, bis sie an der Oberfläche schwimmen. Mit einem Schaumlöffel herausheben und sehr gut abtropfen lassen. In einer großen Pfanne die Butter aufschäumen, die Nudeln darin rundum anbräunen, dabei die Pfanne vorsichtig rütteln. Auf dem Sauerkraut servieren.

Nudelfleckerln
mit Kraut

Kinderliebling
Zubereitung: ca. 1 Std. | Pro Portion: ca. 445 kcal

Für 4 Personen

300 g Mehl | 3 Eier (Größe L) | 1 EL Öl | Salz
1 kleiner Weißkohl (ca. 600 g) | 2 Zwiebeln
2 EL Butter | 1 EL Zucker | 125 ml Fleischbrühe
1 EL Essig | Pfeffer | 1 TL Kümmel | 2 EL gehackte Petersilie | Mehl für die Arbeitsfläche

1 Für die Nudeln das Mehl mit Eiern, Öl und 1 guten Prise Salz zu einem geschmeidigen Teig verkneten, bei Bedarf ein paar Tropfen Wasser zugeben. Den Teig zu einer Kugel formen, in Klarsichtfolie wickeln und 30 Min. ruhen lassen.

2 Für das Kraut den Weißkohl vierteln und ohne Strunk in Streifen schneiden. Zwiebeln schälen, hacken und in einem Schmortopf in der Butter glasig andünsten. Zucker darüberstreuen und leicht anbräunen. Kohl dazugeben, kurz anbraten. Mit Brühe und Essig ablöschen, mit Salz, Pfeffer und Kümmel würzen. Zugedeckt bei schwacher Hitze ca. 30 Min. garen.

3 Den Teig auf der bemehlten Arbeitsfläche messerrückendick ausrollen und in ca. 3 cm große Quadrate schneiden. In reichlich kochendem Salzwasser ca. 5 Min. garen. In ein Sieb abgießen, nur kurz abtropfen lassen, dann unter das Kraut mischen. Abschmecken und mit Petersilie bestreut servieren.

Endivien-Spätzle

frisch-würzig
Zubereitung: ca. 45 Min. | Pro Portion: ca. 470 kcal

Für 4 Personen

300 g Mehl | 3 Eier (Größe M)
Salz | Muskatnuss, frisch gerieben
100 g Endiviensalat | 1 Zwiebel
75 g Butter | Pfeffer

1 Das Mehl in eine Rührschüssel geben und mit ca. 100 ml kaltem Wasser, dann mit Eiern, 1 guten Prise Salz und etwas Muskat zu einem glatten, zähflüssigen Teig verrühren. Abgedeckt ca. 15 Min. ruhen lassen.

2 Den Endiviensalat waschen und in feine Streifen schneiden. Die Zwiebel schälen, fein hacken und in der Butter hellgelb andünsten. Vom Herd nehmen. Eine Schüssel im Backofen auf 60° (Umluft 50°) vorwärmen.

3 In einem großen Topf reichlich Wasser aufkochen und salzen. Den Teig portionsweise durch eine Spätzlepresse ins Wasser drücken. Oder jeweils etwas Teig auf ein angefeuchtetes Holzbrett streichen und mit einem nassen Messer schmale Teigstreifen ins kochende Wasser schaben. Sobald die Spätzle oben schwimmen, mit einem Schaumlöffel herausheben, abtropfen lassen und in der Schüssel warm halten.

4 Wenn alle Spätzle gekocht sind, rasch mit der Endivie und der heißen Zwiebel-Butter vermischen. Mit Salz und Pfeffer abschmecken. Zu Bratwürstchen oder Steaks servieren.

alles Kartoffel | BEILAGEN

Kartoffelklöße

gelingen auch Anfängern | Zubereitung: ca. 1 Std. | Pro Portion: ca. 395 kcal

Für 4 Personen

1 kg mehligkochende Kartoffeln | Salz
ca. 100 g Kartoffelmehl | 2 EL Hartweizengrieß
2 Eier (Größe M) | 1/2 TL getrockneter Majoran
1 Scheibe Weißbrot vom Vortag | 4 EL Butter
3 EL Semmelbrösel | Mehl zum Formen

1. Kartoffeln waschen und in Salzwasser je nach Größe in 25–35 Min. gar kochen. Abgießen, ausdampfen lassen und noch warm pellen. Ein wenig Kartoffelmehl auf die Arbeitsfläche streuen. Die Kartoffeln durch die Kartoffelpresse daraufdrücken und abkühlen lassen.

2. Restliches Kartoffelmehl und Grieß über die Kartoffeln streuen, die Eier zugeben und den Majoran darüberbröseln. Mit 1 guten Prise Salz würzen und alles zu einem formbaren Teig vermischen.

3. Weißbrot klein würfeln. In 1 EL Butter rundum leicht bräunen. Aus dem Kartoffelteig 8 Klöße formen. Mit dem Daumen ein Loch eindrücken und jeweils 2–3 Brotwürfelchen einfüllen. Den Teig darüber fest verschließen.

4. In einem breiten Topf reichlich Wasser aufkochen, salzen und die Knödel einlegen. Bei schwacher bis mittlerer Hitze in ca. 20 Min. gar ziehen lassen. Restliche Butter und Semmelbrösel anbräunen. Die Knödel mit einem Schaumlöffel auf eine Platte heben und mit den gerösteten Bröseln bestreuen. Sie passen zu allen Fleischgerichten mit viel Sauce.

Variante: Ausgeschöpfte Kartoffelklöße

Für 4 Portionen | **1 kg Kartoffeln** waschen, schälen und vierteln. In einem Topf knapp mit Wasser bedecken, **salzen** und in ca. 25 Min. gar kochen. Die Kartoffeln abgießen und mit **2 EL Mehl** bestreuen. Mit einem Kartoffelstampfer zerdrücken, aber nicht zu Püree verrühren. **4 EL Butter** zerlassen, einen großen Esslöffel jeweils in die Butter tauchen und damit von der Kartoffelmasse große Nocken abstechen und auf eine Platte setzen. Die restliche Butter erhitzen, bis sie leicht bräunt, zischendheiß über die Klöße träufeln und gleich servieren.

Variante: Semmelknödel

Für 4 Portionen | **250 g Brötchen vom Vortag** in sehr dünne Scheiben schneiden, mit **200 ml lauwarmer Milch** beträufeln. **1 kleine Zwiebel** sehr fein hacken, mit **2 EL gehackter Petersilie** in **1 EL Butter** hell andünsten, mit **Salz** und **Pfeffer** zu den Brötchen geben. Mit **2 Eiern (Größe L)** zu einem nicht zu glatten Teig verkneten. Etwas ruhen lassen, dann zu gut eigroßen Knödeln formen und in leise siedendem Salzwasser in ca. 20 Min. gar ziehen lassen.

Kartoffelpuffer

knusperwürzig
Zubereitung: ca. 45 Min. | Pro Portion: ca. 400 kcal

Für 4 Personen

1 kg mehligkochende Kartoffeln
2 EL saure Sahne | 1 Zwiebel
2 Eier (Größe M) | 2–3 EL Kartoffelmehl
50 g durchwachsener Speck
5 EL Butterschmalz | Salz | Pfeffer
Muskatnuss, frisch gerieben

1. Kartoffeln schälen und auf der Gemüsereibe grob in eine Schüssel raspeln. Flüssigkeit abgießen, saure Sahne unter die Raspel mischen. Die Zwiebel schälen und dazuraspeln. Mit den Eiern und dem Kartoffelmehl zu einer nicht zu trockenen Masse vermischen.

2. Den Speck ohne Schwarte sehr klein würfeln, in wenig Butterschmalz bei mittlerer Hitze knusprig braten, unter die Kartoffelmasse mischen. Mit Salz, Pfeffer und Muskat würzen.

3. In einer großen Pfanne jeweils etwas Butterschmalz erhitzen. Die Kartoffelmasse löffelweise hineingeben, glatt streichen und auf beiden Seiten bei mittlerer Hitze in jeweils ca. 5 Min. braun und knusprig braten. Auf Küchenpapier abtropfen lassen und warm halten, bis alle Puffer gebacken sind. Mit Apfelmus servieren.

Clever servieren

Kleine Kartoffelpuffer backen und mit **Räucherlachs** und **Kräuter-Crème-fraîche** als Vorspeise reichen.

Kartoffelplätzchen

gelingen ganz leicht
Zubereitung: ca. 50 Min. | Pro Portion: ca. 480 kcal

Für 4 Personen

750 g mehligkochende Kartoffeln | Salz
1 Zwiebel | 70 g durchwachsener Speck
2 EL gehackte Petersilie | 4 EL Butter
200 g Topfen (ersatzweise halbfetter Quark, 20 % Fett) | 100 g Semmelbrösel | 2 Eier
Pfeffer | Muskatnuss, frisch gerieben

1. Die Kartoffeln schälen, vierteln und in Salzwasser in ca. 25 Min. gar kochen. Die Zwiebel schälen und fein hacken. Den Speck ohne Schwarte sehr klein würfeln. Beides mit gehackter Petersilie in 1 EL Butter kurz andünsten.

2. Die Kartoffeln abgießen, ausdampfen lassen und durch die Kartoffelpresse drücken. Mit der Zwiebelmischung und dem Quark vermischen. Semmelbrösel und Eier unterrühren, mit Salz, Pfeffer und Muskat würzen.

3. Aus der Masse eine Rolle formen und diese in 12 Scheiben schneiden. In einer Pfanne in der restlichen Butter bei mittlerer Hitze von jeder Seite ca. 5 Min. goldbraun braten. Heiß aus der Pfanne zu Gerichten mit Sauce servieren.

Clever variieren

Für **Kartoffel-Kroketten** den Teig ohne Zwiebel und Speck bereiten, zu ca. 5 cm langen Röllchen formen. In Ei und Semmelbröseln panieren und in heißem Öl in ca. 3 Min. hellbraun ausbacken.

Nachtische, Gebäck & Getränke

Süßer Nachtisch war früher etwas Besonderes, Mehlspeisen als Hauptgericht gab's schon öfter. Gestern wie heute für Kinder das Höchste: die Kuchenteigschüssel auslecken …

Für 4 Personen

125 g Mehl
1 TL Backpulver | Salz
125 ml Milch
2 Eier (Größe M)
4 kleine säuerliche Äpfel (Boskop)
1 EL Zitronensaft
3 EL Zucker
1 TL Zimtpulver
50 g Butterschmalz

Apfelküchlein

schmecken allen | *im Bild links*
Zubereitung: ca. 30 Min. | Pro Portion: ca. 345 kcal

1 Das Mehl in einer Schüssel mit Backpulver und 1 Prise Salz vermischen. Nach und nach die Milch unterrühren, dann die Eier zugeben und alles zu einem glatten Teig verrühren.

2 Äpfel schälen und mit einem Apfelausstecher die Kerngehäuse ausstechen, in dicke Scheiben schneiden. Gleich mit etwas Zitronensaft einreiben, damit sie nicht braun werden. Den Zucker mit dem Zimtpulver vermischen.

3 In einer großen Pfanne das Butterschmalz erhitzen. Die Apfelscheiben durch den Teig ziehen und bei mittlerer Hitze in 4–5 Min. pro Seite hellbraun braten. Auf Küchenpapier abtropfen lassen und heiß mit dem Zimtzucker bestreuen. Gleich servieren.

schön fruchtig | NACHTISCHE

Rote Grütze
mit Vanillerahm

sommerlich frisch | *Zubereitung: ca. 45 Min.* | *Kühlen: ca. 3 Std.* | *Pro Portion: ca. 360 kcal*

Für 4 Personen

350 g süße Kirschen | 200 g rote Johannisbeeren | 250 g Himbeeren
125 g Zucker | 40 g Speisestärke
100 ml Rotwein (ersatzweise roter Traubensaft)
300 g saure Sahne | 1 EL echter Vanillezucker

1 Kirschen waschen und entsteinen. Johannisbeeren waschen. Beides in einem Topf mit 1/2 l Wasser begießen und aufkochen lassen. Zugedeckt bei schwacher Hitze in ca. 10 Min. ganz weich kochen. Durch ein feines Sieb abgießen, den Saft dabei auffangen und die Beeren fest ausdrücken.

2 Himbeeren verlesen, evtl. vorsichtig waschen. Den Saft mit den Himbeeren und 100 g Zucker in den Topf geben und aufkochen lassen. Die Speisestärke mit dem Rotwein glatt verrühren und mit einem Schneebesen unter den kochenden Saft quirlen. Noch einmal aufwallen lassen, dann die Grütze in eine Schüssel füllen. Restlichen Zucker über die Oberfläche streuen, damit sich keine Haut bildet. Die Grütze abkühlen lassen, dann zugedeckt ca. 2 Std. in den Kühlschrank stellen.

3 Kurz vorm Servieren saure Sahne mit Vanillezucker glatt rühren, in ein Saucenkännchen füllen. Grütze in Dessertschüsselchen verteilen und mit Vanillerahm übergießen.

Variante: Dunkle Waldbeerengrütze

Für 4 Portionen | 250 g Waldbeeren (Heidelbeeren, Brombeeren, Walderdbeeren) waschen und verlesen, abtropfen lassen. Mit 60 g Zucker und 400 ml Weißwein (ersatzweise hellem Traubensaft) aufkochen, zugedeckt bei schwacher Hitze ca. 10 Min. sanft kochen lassen. 4 leicht gehäufte TL Speisestärke mit etwas kaltem Wasser anrühren, unter die Grütze quirlen und ca. 5 Min. sanft kochen lassen, bis die Grütze bindet. Abkühlen lassen, dabei gelegentlich umrühren (diese Grütze ist flüssiger). Mit halbsteif geschlagener Sahne servieren.

Variante: Rhabarbergrütze

Für 4 Portionen | 500 g Rhabarber (möglichst rotschaliger) waschen und schälen. Die Stangen in kleine Stücke schneiden, in einen Topf füllen und mit 100 g Gelierzucker bestreuen. 1 Std. Saft ziehen lassen, dabei ab und zu umrühren. 1 Bio-Zitronenscheibe und 1/2 Zimtstange zugeben, bei mittlerer Hitze langsam aufkochen lassen, bis der Rhabarber weich und die Grütze gebunden ist. Bei Bedarf ein wenig Wasser oder Weißwein zugießen. Zitronenscheibe und Zimt entfernen, die Grütze mit Zucker abschmecken und abkühlen lassen.

Grießflammeri mit Himbeeren

cremig | Zubereitung: ca. 35 Min. | Kühlen: ca. 2 Std. | Pro Portion: ca. 410 kcal

Für 4 Personen

3 Eier (Größe M)
1/2 l Milch
100 g Zucker
1 TL abgeriebene Bio-Zitronenschale
Salz | 60 g Hartweizen-Grieß
50 g helle Rosinen
250 g Himbeeren (frisch oder TK)
250 ml Rotwein (ersatzweise roter Traubensaft)
1 EL Speisestärke

1 Eier trennen, die Eigelbe mit 2 EL Milch verquirlen. Übrige Milch in einem Topf mit 50 g Zucker, Zitronenschale, 1 Prise Salz und dem Grieß verrühren und bei mittlerer Hitze unter ständigem Rühren langsam bis zum Siedepunkt erhitzen. In ca. 5 Min. dick ausquellen lassen, dabei ständig weiterrühren. Vom Herd nehmen, die Rosinen untermischen und kurz abkühlen lassen. Die Eigelbe rasch untermischen.

2 Die Eiweiße mit 2 EL Zucker steif schlagen und unter die Grießmasse heben, auf Dessertförmchen verteilen und abgedeckt ca. 2 Std. in den Kühlschrank stellen.

3 Die Himbeeren pürieren und durch ein Sieb streichen. Mit Rotwein und restlichem Zucker aufkochen. Die Stärke mit etwas kaltem Wasser anrühren, zur Himbeersauce geben und einmal aufwallen lassen. Vom Herd nehmen und abkühlen lassen, dabei ab und zu umrühren. Zum Servieren die Flammeris am Rand mit einem spitzen Messer lösen, auf Dessertteller stürzen und mit Himbeersauce übergießen.

Gebackenes Apfelmus

einfach raffiniert | Zubereitung: ca. 45 Min. | Pro Portion: ca. 495 kcal

Für 4 Personen

750 g säuerliche Äpfel (Boskop, Gloster)
65 g Zucker
1/2 Zimtstange
1 Scheibe Bio-Zitrone
150 ml Apfelsaft
65 g brauner Rohrzucker
200 g Sahne
1 TL Vanillezucker
65 g gehackte Haselnüsse
etwas Butter für die Form

Clever variieren

Statt Äpfeln **Quitten** nehmen, diese aber mit dem Zucker und gut 1/2 l Wasser ca. 1 Std. sanft kochen lassen.

1 Die Äpfel gründlich waschen, vierteln, Stiele und Blütenansätze (aber nicht die Kerngehäuse) entfernen. Die Apfelviertel in einen Topf geben, den Zucker darüberstreuen. Zimtstange, Zitronenscheibe und Apfelsaft zugeben. Aufkochen und bei mittlerer Hitze zugedeckt ca. 15 Min. kochen lassen, bis die Apfelstücke weich sind.

2 Zitrone und Zimt entfernen, die Äpfel durch ein Sieb streichen. Den Backofen- oder einen Elektrogrill vorheizen. Eine flache Gratinform ausbuttern, das Apfelmus einfüllen und mit dem Rohrzucker bestreuen. 7–10 Min. unter dem heißen Grill überbacken, bis der Zucker leicht karamellisiert.

3 Die Sahne mit dem Vanillezucker halbsteif schlagen. Das überbackene Apfelmus mit Haselnüssen bestreuen und heiß servieren, die kalte Sahne extra dazu reichen.

mit Quark | NACHTISCHE

Verschleiertes Bauernmädchen

schokowürzig | *Zubereitung: ca. 30 Min.*
Kühlen: ca. 1 Std. | *Pro Portion: ca. 400 kcal*

Für 4 Personen

2 große Äpfel | 1 Zimtstange | 4 EL Zucker
1 EL Zitronensaft | 150 g Pumpernickel
50 g geriebene Zartbitter-Schokolade
100 g Johannisbeeren | 250 g Sahne-Quark
100 g Sahne | 1 Päckchen Vanillezucker

1. Die Äpfel schälen, vierteln und ohne Kerngehäuse würfeln. Mit Zimt, 2 EL Zucker, 3 EL Wasser und Zitronensaft zugedeckt bei mittlerer Hitze in 10 Min. weich kochen. Den Pumpernickel zerbröseln und mit 30 g geriebener Schokolade vermischen.

2. Johannisbeeren waschen und von den Stielen streifen. In einem Topf mit dem übrigen Zucker bestreuen, langsam aufkochen lassen.

3. Den Quark mit ca. 3 EL Sahne und dem Vanillezucker cremig rühren. Übrige Sahne steif schlagen und unterziehen. In Dessertschalen abwechselnd Schoko-Pumpernickelbrösel, Apfelkompott (ohne Zimtstange) und Quarksahne schichten, dabei mit Quarksahne abschließen. Im Kühlschrank ca. 1 Std. ziehen lassen. Mit der übrigen geriebenen Schokolade bestreut servieren.

Clever variieren

Äpfel weglassen, dafür **350 g gemischte Beeren** wie die Johannisbeeren nur kurz dünsten.

Bibbeleskäse mit Holunder

herb-fruchtig | *Zubereitung: ca. 45 Min.*
Kühlen: 6 Std. | *Pro Portion: ca. 255 kcal*

Für 4 Personen

250 g Quark (Magerstufe) | 3 Eiweiße | Salz
150 g Sahne | 5 EL Zucker | 1 TL abgeriebene
Bio-Zitronenschale | 250 ml Holundersaft
(Bioladen, Reformhaus) | 1 Zimtstange
1 EL Zitronensaft | 1 TL Kartoffelmehl
Minzeblättchen zum Garnieren

1. Ein Sieb mit einem Stofftuch auslegen und den Quark darin abtropfen lassen. Die Eiweiße mit einer Prise Salz zu Schnee schlagen. Die Sahne mit 3 EL Zucker steif schlagen. Den abgetropften Quark mit Eischnee, Schlagsahne und der Zitronenschale vermischen. In das Sieb mit dem Tuch füllen, das Sieb in eine Schüssel hängen und den »Bibbeleskäse« im Kühlschrank mind. 6 Std. (am besten über Nacht) abtropfen lassen.

2. Holundersaft mit Zimt, Zitronensaft und übrigem Zucker erhitzen. Kartoffelmehl mit etwas kaltem Wasser anrühren, unterrühren und 3–4 Min. sanft kochen lassen, bis die Sauce gebunden ist.

3. Aus dem Bibbeleskäse Nocken formen: Dazu zwei Esslöffel in Wasser tauchen, mit einem Löffel Käsecreme abstechen und mit dem zweiten zu Nocken formen. Auf Dessertteller setzen, mit der Holundersauce umgießen. Mit Minzeblättchen garnieren.

vorne: Verschleiertes Bauernmädchen | hinten: Bibbeleskäse mit Holunder

Pudding | NACHTISCHE

Schokoladenpudding
mit Vanillesauce

raffiniert | Zubereitung: ca. 1 Std. | Garen: ca. 1 Std. | Pro Portion: ca. 490 kcal

Für 6 Personen

Für den Pudding:

60 g gehäutete Mandeln
60 g Haselnüsse
100 g Zartbitter-Schokolade
50 g Löffelbiskuits
6 Eier (Größe M) | Salz
90 g brauner Rohrzucker

Für die Vanillesauce:

1/2 l Milch
3 EL Zucker
1 Vanilleschote
1 1/2 EL Kartoffelmehl
   (ersatzweise Speisestärke)
1 Eigelb

Außerdem:

1 Puddingform mit Deckel
   (ca. 1,5 l Inhalt)
Butter für die Form

Tipp aus Omas Kochkiste

Aus **älteren Formen** löst sich der Pudding oft schwer. Buttern Sie sie vorher gut aus und streuen sie eventuell zusätzlich mit 1–2 EL geriebenen Nüssen aus.

1 Für den Pudding die Mandeln und Haselnüsse in einem Pfännchen ohne Fett rösten, abkühlen lassen. Die Schokolade in kleine Stücke brechen. Die Löffelbiskuits zerbröseln. Alles im Blitzhacker fein zerkleinern.

2 Die Eier trennen. Die Eiweiße mit 1 Prise Salz zu festem Schnee schlagen, dabei die Hälfte des Zuckers einrieseln lassen. Die Eigelbe mit dem restlichen Zucker weißschaumig rühren, die Schoko-Nussbrösel unterrühren. Erst ein Drittel des Eischnees kräftig untermischen, den Rest mit einer Gabel locker unterheben (**Bild 1**). Eine Puddingform mit Deckel dick ausbuttern, die Puddingmasse einfüllen. Zugedeckt in einen hohen Topf stellen. Seitlich so viel kochendes Wasser angießen, dass die Form zu drei Vierteln im Wasser steht. Zugedeckt bei schwacher Hitze ca. 1 Std. garen.

3 Inzwischen für die Vanillesauce Milch und Zucker in einen Topf geben. Die Vanilleschote aufschlitzen und das Mark herauskratzen (**Bild 2**). Mark mit der Schote zur Milch geben und unter Rühren erhitzen. Kartoffelmehl mit etwas kaltem Wasser anrühren, unterrühren und aufkochen lassen. Den Topf vom Herd nehmen. Eigelb mit ein wenig heißer Milch verrühren und unter die übrige Milch quirlen. Die Sauce bis zum Servieren öfter umrühren, damit sich keine Haut bildet. Vorm Servieren die Vanilleschote entfernen.

4 Die Form öffnen und ein Holzstäbchen in den Pudding stecken – wenn es sich sauber herausziehen lässt, ist er gar (**Bild 3**), sonst weitere 15 Min. garen. Den Pudding in der Form ca. 10 Min. ruhen lassen, dann den Rand mit einer Messerspitze lösen und den Pudding auf eine Platte stürzen. Die Vanillesauce lauwarm oder kalt dazu servieren.

heiß aus der Pfanne | NACHTISCHE

Arme Ritter
mit Weinschaumsauce

Klassiker neu | *Zubereitung: ca. 45 Min.* | *Pro Portion: ca. 610 kcal*

Für 4 Personen

Für die »Armen Ritter«:

6 längliche Brötchen vom Vortag
1/2 l Milch
75 g Zucker | Salz
1 Vanilleschote
1 TL Zimtpulver
2 Eier (Größe S)
2 EL Semmelbrösel
4 EL Butter

Für die Weinschaumsauce:

300 ml milder Weißwein (ersatzweise heller Traubensaft)
2 EL Zucker
1 EL Zitronensaft
1 TL Speisestärke
2 frische Eier (Größe L)

Tipp aus Omas Kochkiste

Arme Ritter waren und sind ein **Leibgericht vieler Kinder.** Oma hatte dazu immer eingewecktes Kompott im Vorrat. Statt Weinschaumsauce schmeckt auch warmes Zwetschgenkompott: 500 g Zwetschgen halbieren, entsteinen, mit 100 g Zucker und wenig Wasser in ca. 10 Min. weich dünsten.

1 Von den Brötchen die Kruste abraspeln, die Brösel aufheben. Die Brötchen längs halbieren und in eine Schüssel legen. Die Milch mit der Hälfte des Zuckers und 1 Prise Salz in einen Topf geben. Die Vanilleschote längs aufschneiden, das Mark herauskratzen und mit der Schote dazugeben. Langsam erhitzen, bei schwacher Hitze ca. 10 Min. ziehen, dann etwas abkühlen lassen. Durch ein Sieb über die Brötchenhälften träufeln und ca. 10 Min. einziehen lassen, dabei ab und zu wenden. Die Brötchen auf einem Kuchengitter abtropfen lassen.

2 Den restlichen Zucker mit dem Zimt vermischen. In einem tiefen Teller die Eier verquirlen, in einem zweiten Teller die abgeriebenen Brösel mit den Semmelbröseln mischen. In einer Pfanne die Butter erhitzen. Die Brötchenhälften erst in den Eiern, dann in den Bröseln wenden. In der Butter bei mittlerer Hitze in ca. 10 Min. rundum mittelbraun braten.

3 Nebenbei für die Sauce ein heißes Wasserbad vorbereiten. Weißwein mit Zucker, Zitronensaft, Stärke und Eiern in einer Metallschüssel verquirlen und über dem heißen Wasserbad unter häufigem Rühren mit dem Schneebesen erhitzen, bis die Creme dick und schaumig wird. Die Masse darf auf keinen Fall zu heiß werden, sonst stocken die Eier! Wenn die Sauce zu binden beginnt, kräftig mit dem Schneebesen weiterschlagen, bis sie cremig genug ist. Dann die Schüssel kurz in kaltes Wasser stellen und weiterschlagen, damit die Sauce nicht nachgart.

4 Die fertigen »Armen Ritter« auf vier Teller verteilen und mit dem Zimtzucker bestreuen. Die Weinschaumsauce in ein Kännchen füllen und extra dazu servieren.

Marmorkuchen

schokowürzig | Zubereitung: ca. 40 Min.
Backen: ca. 1 Std. | Pro Stück: ca. 425 kcal

Für 12 Stücke

250 g weiche Butter | 225 g Zucker
1 Päckchen Vanillezucker | 4 Eier (Größe M)
500 g Mehl | 1 Päckchen Backpulver
170 ml Milch | 3 EL ungesüßtes Kakaopulver
Fett und Semmelbrösel für die Form
Puderzucker zum Bestäuben
Springform mit Napfkucheneinsatz

1 Butter mit 200 g Zucker und Vanillezucker weiß-schaumig rühren, bis der Zucker aufgelöst ist. Nach und nach die Eier untermischen. Das Mehl mit dem Backpulver mischen und darübersieben, 125 ml Milch zugeben und alles zu einem glatten Teig verrühren. Den Backofen auf 175° vorheizen. Die Form einfetten, mit Semmelbröseln ausstreuen. Zwei Drittel des Teiges einfüllen.

2 Den übrigen Teig mit dem Kakaopulver, 25 g Zucker und der restlichen Milch verrühren. Über den hellen Teig klecksen und mit einer Gabel kreisförmig unterziehen. Die Oberfläche glatt streichen, den Kuchen im heißen Backofen (Mitte, Umluft 160°) gut 1 Std. backen. Zur Probe ein Holzstäbchen einstechen: Wenn es sich sauber herausziehen lässt, ist der Kuchen fertig.

3 Aus dem Ofen nehmen und kurz abkühlen lassen. Die Springform lösen, den Kuchen auf einem Kuchengitter auskühlen lassen. Zum Servieren mit Puderzucker bestäuben.

Apfelkuchen

buttrig-knusprig | Zubereitung: ca. 45 Min.
Backen: 45 Min. | Pro Stück: ca. 245 kcal

Für 12 Stücke

200 g weiche Butter | 6 EL Zucker
5 EL Weißwein (ersatzweise Apfelsaft)
250 g Mehl | 750 g Äpfel (Boskop, Cox Orange)
1 EL Zitronensaft | Springform (26 cm Ø)
Fett und Semmelbrösel für die Form

1 Die Butter mit 4 EL Zucker und 4 EL Wein weiß-schaumig rühren, dann das Mehl untermischen und alles zu einem glatten Teig verkneten. In Folie wickeln und für ca. 30 Min. unten in den kältesten Teil des Kühlschranks legen.

2 Die Äpfel schälen, vierteln und die Kerngehäuse ausschneiden. Die Apfelviertel in kleine Stücke schneiden und mit Zitronensaft vermischen. In einen Topf geben und mit 1 EL Weißwein und 2 EL Zucker zugedeckt ca. 10 Min. dünsten, bis sie gerade weich sind. Abkühlen lassen.

3 Backofen auf 190° vorheizen. Die Form einfetten und mit Bröseln ausstreuen. Die Hälfte des Teigs zu einer runden Platte von knapp 30 cm Ø ausrollen, in der Form auslegen und einen Rand formen. Die Äpfel darauf verteilen. Restlichen Teig ausrollen und zu 2 cm breiten Streifen schneiden. Diese gitterförmig auf die Äpfel legen. Kuchen im Ofen (Mitte, Umluft 170°) in ca. 45 Min. goldbraun backen. Aus der Form nehmen und auf einem Kuchengitter abkühlen lassen.

vorne: Apfelkuchen | hinten: Marmorkuchen

Erdbeer-Bowle

fruchtig-frisch | *Zubereitung: ca. 20 Min.* | *Marinieren: ca. 1 Std.* | *Pro Glas: ca. 140 kcal*

Für 16 Gläser (à 150 ml)

500 g möglichst kleine, aromatische Erdbeeren
100 g Zucker
1,5 l trockener Weißwein
1 Flasche trockener Rieslingsekt (750 ml)

1 Die Erdbeeren waschen, abtropfen lassen, entkelchen und halbieren oder in Scheiben schneiden. In eine Bowlenschale füllen, mit 2 EL Zucker bestreuen und ein Drittel des Weißweins angießen. Ca. 1 Std. abgedeckt ziehen lassen.

2 Den restlichen Wein und den Sekt kalt stellen. Den übrigen Zucker mit ca. 75 ml Wasser aufkochen, bis sich der Zucker aufgelöst hat. Diesen Sirup abkühlen lassen.

3 Erst übrigen Wein, dann Sekt angießen. Umrühren und mit Zuckersirup nach Geschmack süßen. In Henkelgläser füllen, kleine Löffel für die Erdbeeren dazu reichen.

Clever variieren

Für **Maibowle** 1 Bund Waldmeister waschen, abtropfen und 2–3 Std. welken lassen, damit sich das Aroma entwickelt. Die Bowlenschale mit kaltem Weißwein füllen, das Kräuterbündel hineinhängen und 15–30 Min. darin ziehen lassen. Herausnehmen und mit eiskaltem Sekt oder Mineralwasser auffüllen, mit Zuckersirup süßen.

sommerfrisch | GETRÄNKE

Kalte Ente

erfrischend | *Zubereitung: ca. 15 Min.* | *Marinieren: 30 Min.* | *Pro Glas: ca. 130 kcal*

Für 16 Gläser (à 150 ml)

2 Bio-Zitronen
1,5 l gut gekühlter trockener leichter Weißwein (z. B. Riesling von der Mosel oder aus Sachsen)
100 g Zucker
1 Flasche gut gekühlter trockener Sekt (z. B. Saale-Unstrut-Sekt)
ca. 16 frische Melisseblättchen zum Garnieren

1 Die Zitronen heiß abwaschen, abtrocknen und die Schale in einem Stück dünn abschälen. Die Schalenspiralen in eine Bowlenschale hängen. Mit kaltem Weißwein aufgießen, die Schalen 30 Min. ziehen lassen. Zucker mit 100 ml Wasser aufkochen, bis er sich aufgelöst hat, abkühlen lassen.

2 Die Zitronen auspressen, den Saft durch ein feines Sieb zum Weinansatz gießen. Den kalten Sekt aufgießen, umrühren und mit Zuckersirup nach Geschmack süßen. In Gläser verteilen, mit Melisseblättchen garnieren.

Clever variieren

Für eine brandenburgische **Apfelwein-Ente** ca. 500 g Sauerkirschen (möglichst Schattenmorellen) waschen und entsteinen. In eine Bowlenschale geben, mit 50 g Zucker bestreuen, etwas Saft ziehen lassen. Mit herbem Apfelwein statt Weißwein aufgießen. 1 Std. ziehen lassen, dann mit trockenem Sekt oder sprudelndem Mineralwasser aufgießen und nach Geschmack mit Sirup nachsüßen.

winterwarm | GETRÄNKE

Feuerzangenbowle

würzig-wärmend | Zubereitung: ca. 30 Min. | Pro Glas: ca. 455 kcal

Für ca. 6 Punschgläser (je 225 ml Inhalt)

2 Flaschen Spätburgunder-Rotwein (je 750 ml)
1 TL Gewürznelken | 1 Zimtstange
1 Bio-Zitrone | 1 Bio-Orange
1 Zuckerhut mit Feuerzange
350 ml hochprozentiger brauner Rum (54 %)

1 In einem Topf den Wein mit den Nelken und der Zimtstange erwärmen. Die Zitrone und die Orange heiß abwaschen, die Schale hauchdünn abschälen und zum Wein geben. Bis knapp unter den Siedepunkt erhitzen. Den gewürzten Wein durch ein Sieb in einen Punschtopf gießen, diesen auf einem Rechaud auf den Tisch stellen und heiß halten.

2 Die Feuerzange mit dem Zuckerhut so darüberlegen, dass die Spitze des Huts zum Griff der Zange zeigt. Etwas vom Rum mit einer Schöpfkelle mit langem Stiel über den Zuckerhut träufeln und anzünden. Das Licht im Zimmer löschen.

3 Beim Abbrennen schmilzt der Zucker und tropft in den heißen Wein. Wenn die Flamme kleiner wird, den Zuckerhut wieder mit der Schöpfkelle mit etwas Rum begießen (niemals direkt aus der Flasche, der hochprozentige Rum ist leicht entzündlich).

4 Wenn der Zuckerhut geschmolzen und der Rum aufgebraucht ist, die Feuerzangenbowle umrühren und in Punschgläser mit Henkel verteilen.

Variante: Pfarrers Nachtmütze

Für 6 Punschgläser | **1 Bio-Orange** heiß abwaschen, abtrocknen und mit **5 Gewürznelken** bestecken. Im Ofen bei 180° (Umluft 165°) ca. 20 Min. rösten, bis die Schale ganz leicht zu bräunen beginnt. Die Orange aus dem Ofen nehmen. **1 Bio-Zitrone** waschen, die Schale hauchdünn abschälen und mit **2 Gewürznelken, 1 Zimtstange, 1 cm frischem Ingwer** in Scheiben und **3 Pimentkörnern** in 1 1/4 l Wasser aufkochen. Die geröstete Orange zugeben und alles bei schwacher Hitze zugedeckt ca. 20 Min. ziehen lassen. **1 Flasche roten Portwein** (750 ml) zugießen und heiß werden, aber nicht kochen lassen. Mit ca. **60 g Zucker** abschmecken und heiß servieren.

Variante: Teepunsch mit Kirschen

Für 6 Punschgläser | **1 Glas Sauerkirschen** (370 g Inhalt) in ein Sieb abgießen und abtropfen lassen, den Saft auffangen. **2 EL Ceylon-Teeblätter** mit 1/2 l kochend heißem Wasser übergießen, 3–4 Min. ziehen lassen, dann durch ein Sieb in einen Topf gießen. Den Sauerkirschsaft mit **75 g braunem Kandiszucker, 1 Zimtstange** und ca. **5 cm dünn abgeschälter Bio-Zitronenschale** zugeben, erhitzen und bei schwacher Hitze ca. 10 Min. ziehen lassen. **150 ml Weinbrand** zugeben und heiß werden lassen. Die Kirschen auf Punschgläser verteilen und mit dem heißen Teepunsch übergießen.

REGISTER | Rezepte und Hauptzutaten

A

Äpfel
Apfelkuchen 117
Apfelküchlein 105
Apfelwein-Ente (Variante) 119
Gebackenes Apfelmus 109
Verschleiertes Bauernmädchen 111
Arme Ritter mit
 Weinschaumsauce 115
Ausgeschöpfte Kartoffelklöße
 (Variante) 101

B

Backfisch mit Remoulade 59
Bähbrot 16
Baseler Käse-Wähe 29
Bauernfrühstück 27
Bayerischer Obatzda 21
Beeren
 Dunkle Waldbeerengrütze
  (Variante) 107
 Rote Grütze mit Vanillerahm 107
Beifuß (Warenkunde) 11
Bibbeleskäse mit Holunder 111
Blankeneser Schollen 63
Blätterteig
 Baseler Käse-Wähe 29
 Eingemachtes Kalbfleisch 31
Blaukraut: Gefüllte Gans
 mit Blaukraut 85
Blumenkohl
 Leipziger Allerlei 89
 Salat auf Gärtnerinart mit
  Senfsauce 41
 Sommerliche Gemüsesuppe 51
Böfflamod 79
Bohnen
 Bohnenkraut (Warenkunde) 11
 Grüne Bohnen mit Pfifferlingen 91
 Lamm mit Bohnen 75
 Salat auf Gärtnerinart
  mit Senfsauce 41
 Sommerliche Gemüsesuppe 51
Borretsch (Warenkunde) 11
Bowlen
 Apfelwein-Ente (Variante) 119
 Erdbeer-Bowle 118
 Feuerzangenbowle 121
 Kalte Ente 119
 Maibowle (Variante) 118
Brandenburger Wirsing-
 rouladen 67
Bratwürste: Spreewälder
 Rote Bete 93
Bremer Muschelsuppe 52
Brot/Brötchen
 Arme Ritter mit
  Weinschaumsauce 115
 Hamburger Mettbrötchen 24
 Krabbenbrote 23
 Semmelknödel (Variante) 101
Brühe: Feine Rinderbrühe 47
Bühler Schnitzeltaschen 71
Butter-Hähnchen (Variante) 83

C D

Cervelat: Grünkohl mit Cervelat 92
Dill (Warenkunde) 11
Dunkle Waldbeerengrütze
 (Variante) 107

E

Eier
 Bauernfrühstück 27
 Eiersalat mit Räucherlachs 45
 Eierstich (Suppeneinlage) 47
 Krabbenbrote 23
 Spargel polnische Art 91
 Verlorene Eier in Weingelee 35
 Eingemachtes Kalbfleisch 31
Eintöpfe
 Hirtentopf mit Graupen 57
 »Katzenhochzeit« (Variante) 57
 Linseneintopf 55
 Pichelsteiner Eintopf 55
Endivien-Spätzle 99
Erbsen
 Salat auf Gärtnerinart mit
  Senfsauce 41
 Sommerliche Gemüsesuppe 51
Erdbeer-Bowle 118

F

Feine Rinderbrühe 47
Feuerzangenbowle 121
Filets: Schwäbischer Filettopf 73
Fisch
 Backfisch mit Remoulade 59
 Blankeneser Schollen 63
 Fischklößchen in Krabbensauce 65
 Forellen mit Zitronen-
  Kapern-Butter 63
 Forellen-Terrine mit
  Meerrettichsahne 33
 Schellfisch in Senfsahne 61
 Westerländer Fischsuppe 53
Flädle (Suppeneinlage) 47
Flammekuchen: Pfälzer Flamme-
 kuchen 28
Forellen
 Forellen mit Zitronen-
  Kapern-Butter 63
 Forellen-Terrine mit
  Meerrettichsahne 33

G

Gans: Gefüllte Gans mit
 Blaukraut 85
Gebackenes Apfelmus 109
Gefüllte Gans mit Blaukraut 85

Gefüllte Pfannkuchen mit
  Lauch und Käse 95
Gemüse: Sommerliche
  Gemüsesuppe 51
Graupen: Hirtentopf mit
  Graupen 57
Grießflammeri mit Himbeeren 108
Grüne Bohnen mit Pfifferlingen 91
Grüne Kartoffelsuppe 51
Grünkohl mit Cervelat 92
Grütze
  Dunkle Waldbeerengrütze
    (Variante) 107
  Rhabarbergrütze (Variante) 107
  Rote Grütze mit Vanillerahm 107
Gurken: Pfälzer Gurkengemüse 87

H

Hackbraten mit Rahmguss 69
Hackepeter: Hamburger
  Mettbrötchen (Variante) 24
Hackfleisch
  Brandenburger Wirsing-
    rouladen 67
  Hackbraten mit Rahmguss 69
  Hamburger Mettbrötchen 24
  Tatar mit pikanten Zutaten 25
Hähnchenfleisch
  Butter-Hähnchen (Variante) 83
  Hähnchen mit schwarz-
    weißer Sauce 83
  Lorbeer-Hähnchen (Variante) 83
  Hamburger Mettbrötchen 24
  Handkäs'»mit Musik« 21
Heringe
  Hering in Weingelee (Variante) 35
  Herings-Häckerle 23
Hessischer Kalbsnierenbraten 77
Himbeeren
  Grießflammeri mit
    Himbeeren 108

Rote Grütze mit Vanillerahm 107
Hirtentopf mit Graupen 57
Holunder: Bibbeleskäse
  mit Holunder 111

K

Kalbfleisch
  Eingemachtes Kalbfleisch 31
  Hessischer Kalbsnierenbraten 77
  Württembergische
    Kalbsvögerl 71
Kalbsvögerl: Württembergische
  Kalbsvögerl 71
Kalte Ente 119
Kaninchenragout 75
Kapern: Forellen mit Zitronen-
  Kapern-Butter 63
Kartoffeln
  Bauernfrühstück 27
  Grüne Kartoffelsuppe 51
  Kartoffeln (Warenkunde) 13
  Kartoffelklöße 101
  Kartoffelplätzchen 103
  Kartoffelpuffer 103
  »Katzenhochzeit« (Variante) 57
  Schlesischer Kartoffelsalat 43
  Schupfnudeln mit Sauerkraut 97
  Spreewälder Rote Bete 93
Käse
  Baseler Käse-Wähe 29
  Bayerischer Obatzda 21
  Gefüllte Pfannkuchen mit
    Lauch und Käse 95
  Handkäs'»mit Musik« 21
  Liptauer Käse 19
Kerbel (Warenkunde) 11
Kirschen
  Apfelwein-Ente (Variante) 119
  Rote Grütze mit Vanillerahm 107
  Teepunsch mit Kirschen
    (Variante) 121

Kohl (Warenkunde) 8
Krabben
  Eiersalat mit Krabben
    (Variante) 45
  Fischklößchen in
    Krabbensauce 65
  Krabbenbrote 23
  Westerländer Fischsuppe 53
Kuchen
  Apfelkuchen 117
  Marmorkuchen 117
Kümmel: Eingemachtes
  Kalbfleisch (Variante) 31

L

Lammfleisch
  Hirtentopf mit Graupen 57
  Lamm mit Bohnen 75
  »Laubfrösche« (Variante) 67
Lauch
  Gefüllte Pfannkuchen mit
    Lauch und Käse 95
  Lauch (Warenkunde) 8
  Leipziger Allerlei 89
  Liebstöckel (Warenkunde) 11
  Linseneintopf 55
  Liptauer Käse 19
  Lorbeer-Hähnchen (Variante) 83
Löwenzahn: Kartoffelsalat
  (Variante) 43

M

Maibowle (Variante) 118
Mangold (Warenkunde) 8
Markklößchen (Suppeneinlage) 47
Marmorkuchen 117
Matjesfilets
  Herings-Häckerle 23
  Schlesischer Kartoffelsalat 43
Mayonnaise 17

REGISTER | Rezepte und Hauptzutaten

Meerrettich
  Forellen-Terrine mit
    Meerrettichsahne 33
  Meerrettichsahne 17
Mett: Hamburger Mettbrötchen 24
Mettwurst: »Moos« mit Mettwurst
  (Variante) 92
Möhren
  Pichelsteiner Eintopf 55
  Sommerliche Gemüsesuppe 51
  »Moos« mit Mettwurst
    (Variante) 92
Muscheln
  Bremer Muschelsuppe 52
  Muscheln rheinische Art 61

N O

Nudelfleckerln mit Kraut 99
Nudeln (Warenkunde) 13
Nussbutter 17
Obatzda: Bayerischer Obatzda 21
Ochsenschwanz: Rheingauer
  klare Ochsenschwanzsuppe 49

P

Petersilie (Warenkunde) 11
Pfälzer Flammekuchen 28
Pfälzer Gurkengemüse 87
Pfannkuchen: Gefüllte Pfann-
  kuchen mit Lauch und Käse 95
Pfarrers Nachtmütze (Variante) 121
Pfifferlinge: Grüne Bohnen mit
  Pfifferlingen 91
Pichelsteiner Eintopf 55
Pilze
  Grüne Bohnen mit Pfifferlingen 91
  Hähnchen mit schwarz-
    weißer Sauce 83
  Schweinefilet mit Waldpilzen 72
Pökelfleisch (Warenkunde) 15

Pudding: Schokoladenpudding
  mit Vanillesauce 113

Q

Quark
  Bibbeleskäse mit Holunder 111
  Liptauer Käse 19
  Verschleiertes Bauernmädchen 111
Quendel (Warenkunde) 11
Quittenmus (Variante) 109

R

Rahm
  Hackbraten mit Rahmguss 69
  Rote Grütze mit Vanillerahm 107
Räucherlachs: Eiersalat
  mit Räucherlachs 45
Reis (Warenkunde) 13
Remoulade: Backfisch
  mit Remoulade 59
Rhabarbergrütze (Variante) 107
Rheingauer klare
  Ochsenschwanzsuppe 49
Rheinischer Sauerbraten 81
Rheinischer »Spieß« (Variante) 43
Rinderbrühe: Feine
  Rinderbrühe 47
Rindfleisch
  Böfflamod 79
  Pichelsteiner Eintopf 55
  Rheingauer klare
    Ochsenschwanzsuppe 49
  Rheinischer Sauerbraten 81
  Tatar mit pikanten Zutaten 25
Rollbraten 79
Rollmops: Hering in Weingelee
  (Variante) 35
Rosenkohl (Warenkunde) 8
Rote Beten
  Rote-Bete-Salat 39
  Spreewälder Rote Bete 93

Rote Grütze mit Vanillerahm 107
Rotkohl: Gefüllte Gans
  mit Blaukraut 85
Rüben (Warenkunde) 8

S

Salate
  Eiersalat mit Räucherlachs 45
  Rheinischer »Spieß« (Variante) 43
  Rote-Bete-Salat 39
  Salat auf Gärtnerinart
    mit Senfsauce 41
  Schlesischer Kartoffelsalat 43
  Schweizer Wurstsalat (Variante) 45
  Selleriesalat 39
  Weißkohlsalat mit Speck 37
  Wurstsalat 45
Salatgurke: Westerländer
  Fischsuppe 53
Salzgemüse 16
Sauerbraten: Rheinischer
  Sauerbraten 81
Sauerkraut: Schupfnudeln
  mit Sauerkraut 97
Schellfisch in Senfsahne 61
Schinken
  Bauernfrühstück 27
  Schinken (Warenkunde) 15
  Schlesischer Kartoffelsalat 43
  Württembergische Kalbsvögerl 71
Schmorgurken: Pfälzer
  Gurkengemüse 87
Schnittlauch (Warenkunde) 11
Schnitzel: Bühler Schnitzel-
  taschen 71
Schokolade
  Schokoladenpudding mit
    Vanillesauce 113
  Verschleiertes Bauernmädchen 111
Schollen: Blankeneser Schollen 63
Schupfnudeln mit Sauerkraut 97

Schwäbische »Laubfrösche«
  (Variante) 67
Schwäbischer Filettopf 73
Schwartenmagen »mit Musik«
  (Variante) 21
Schweinefilet mit Waldpilzen 72
Schweinefleisch
  Bühler Schnitzeltaschen 71
  Hamburger Mettbrötchen 24
  »Katzenhochzeit« (Variante) 57
  Pichelsteiner Eintopf 55
  Rollbraten 79
  Schweinefilet mit Waldpilzen 72
  Tellersulz 27
  Schweizer Wurstsalat (Variante) 45
Selleriesalat 39
Semmelknödel (Variante) 101
Senf
  Salat auf Gärtnerinart mit
    Senfsauce 41
  Schellfisch in Senfsahne 61
Siebengewürz 16
Sommerliche Gemüsesuppe 51
Spargel
  Leipziger Allerlei 89
  Salat auf Gärtnerinart
    mit Senfsauce 41
  Spargel polnische Art 91
Spätzle
  Endivien-Spätzle 99
  Schwäbischer Filettopf 73
Speck
  Bauernfrühstück 27
  Bremer Muschelsuppe 52
  Kartoffelplätzchen 103
  Kartoffelpuffer 103
  Linseneintopf 55
  »Moos« mit Mettwurst
    (Variante) 92
  Pfälzer Flammekuchen 28
  Pfälzer Gurkengemüse 87

Pichelsteiner Eintopf 55
Schlesischer Kartoffelsalat 43
Schweinefilet mit Waldpilzen 72
Speck (Warenkunde) 15
Weißkohlsalat mit Speck 37
Württembergische Kalbsvögerl 71
Spreewälder Rote Bete 93
Sülze: Tellersulz 27
Suppen
  Bremer Muschelsuppe 52
  Eierstich (Suppeneinlage) 47
  Feine Rinderbrühe 47
  Flädle (Suppeneinlage) 47
  Grüne Kartoffelsuppe 51
  Markklößchen
    (Suppeneinlage) 47
  Rheingauer klare
    Ochsenschwanzsuppe 49
  Sommerliche Gemüsesuppe 51
  Westerländer Fischsuppe 53

T

Tatar mit pikanten Zutaten 25
Teepunsch mit Kirschen
  (Variante) 121
Tellersulz 27
Terrine: Forellen-Terrine
  mit Meerrettichsahne 33
Topinambur (Warenkunde) 8

V | W

Vanille
  Rote Grütze mit Vanillerahm 107
  Schokoladenpudding mit
    Vanillesauce 113
  Verlorene Eier in Weingelee 35
Verschleiertes Bauernmädchen 111
Wähe: Baseler Käse-Wähe 29
Wein
  Apfelwein-Ente (Variante) 119

Arme Ritter mit
  Weinschaumsauce 115
Erdbeer-Bowle 118
Kalte Ente 119
Verlorene Eier in
  Weingelee 35
Weißkohl
  Pichelsteiner Eintopf 55
  Nudelfleckerln mit Kraut 99
  Weißkohlsalat mit Speck 37
  Westerländer Fischsuppe 53
Wirsing
  Brandenburger Wirsing-
    rouladen 67
  Gefüllte Pfannkuchen
    (Variante) 95
  Hirtentopf mit Graupen 57
  Rollbraten 79
Würste
  Grüne Kartoffelsuppe 51
  Grünkohl mit Cervelat 92
  »Moos« mit Mettwurst
    (Variante) 92
  Schweizer Wurstsalat (Variante) 45
  Spreewälder Rote Bete 93
  Wurstsalat 45
  Würste (Warenkunde) 15
  Württembergische
    Kalbsvögerl 71

Z

Zitronen
  Forellen mit Zitronen-
    Kapern-Butter 63
  Kalte Ente 119
  Zwetschgenkompott
    (Variante) 115
Zwiebeln: Pfälzer
  Flammekuchen 28

Unsere Garantie

Alle Informationen in diesem Ratgeber sind sorgfältig und gewissenhaft geprüft. Sollte dennoch einmal ein Fehler enthalten sein, schicken Sie uns das Buch mit dem entsprechenden Hinweis an unseren Leserservice zurück. Wir tauschen Ihnen den GU-Ratgeber gegen einen anderen zum gleichen oder einem ähnlichen Thema um.

Liebe Leserin und lieber Leser,

wir freuen uns, dass Sie sich für ein GU-Buch entschieden haben. Mit Ihrem Kauf setzen Sie auf die Qualität, Kompetenz und Aktualität unserer Ratgeber. Dafür sagen wir Danke! Wir wollen als führender Ratgeberverlag noch besser werden. Daher ist uns Ihre Meinung wichtig. Bitte senden Sie uns Ihre Anregungen, Ihre Kritik oder Ihr Lob zu unseren Büchern. Haben Sie Fragen oder benötigen Sie weiteren Rat zum Thema? Wir freuen uns auf Ihre Nachricht!

GRÄFE UND UNZER VERLAG
Leserservice
Postfach 86 03 13
81630 München

Wir sind für Sie da!
Montag–Donnerstag: 8.00 – 18.00 Uhr
Freitag: 8.00 – 16.00 Uhr
Tel.: 0180 - 500 50 54*
Fax: 0180 - 501 20 54*
E-Mail: leserservice@graefe-und-unzer.de

*(0,14 €/Min. aus dem deutschen Festnetz, Mobilfunkpreise können abweichen)

Ein Unternehmen der
GANSKE VERLAGSGRUPPE

P.S.: Wollen Sie noch mehr Aktuelles von GU wissen, dann abonnieren Sie doch unseren kostenlosen GU-Online-Newsletter und/oder unsere kostenlosen Kundenmagazine.

Kochlust pur

GU Einfach clever – die Kochbücher für clevere Besserköche!

Preis je Band: 9,90 €

ISBN 978-3-8338-0914-9
128 Seiten

ISBN 978-3-8338-0688-9
128 Seiten

ISBN 978-3-8338-0980-4
128 Seiten

Alles, was schlaue Köche brauchen:

- **Bunter Rezeptemix** – von klassisch bis brandneu
- **Viel Service** – mit themengerechten Tipps
- **Jede Menge Abwechslung** – mit vielen Varianten

Willkommen im Leben.

Einfach göttlich kochen und himmlisch speisen?
Die passenden Rezepte, Küchentipps und -tricks
in Wort und Film finden Sie ganz einfach unter:
www.küchengötter.de

SERVICE | Impressum

Der Autor
Reinhardt Hess rührte schon als kleiner Junge in Pfannen und Töpfen seiner Mutter und Großmutter. Nach Geografiestudium und Stationen bei Zeitschriften und Kochbuchverlagen begann er, selbst Bücher zu konzipieren und zu schreiben. Seit mehreren Jahren ist er freier Autor und hat inzwischen rund 60 Koch- und Weinbücher verfasst oder daran mitgearbeitet, sieben davon wurden von der Gastronomischen Akademie mit Medaillen ausgezeichnet.

Der Fotograf
Essen ist Leidenschaft. Essen zu fotografieren ist Kunst. Der Fotograf **Klaus-Maria Einwanger** macht in seiner foodartfactory mit Leidenschaft aus Essen Kunst. Er hat seine Passion vor Jahren in der Foodfotografie gefunden, setzt Foodthemen in Lifestyle um und schafft eine Atmosphäre, die Lust auf mehr macht. Die Bilder der foodartfactory für Verlage, Redaktionen und internationale Kunden entstehen im eigenen Studio oder an Locations weltweit. Bei der Arbeit an diesem Buch haben den Fotografen tatkräftig unterstützt: **Monika Schuster** (Foodstyling), **Alexandra Holzer** (Styling) und **Anka Köhler** (Foodassistenz).

© 2008 GRÄFE UND UNZER VERLAG GmbH, München

Alle Rechte vorbehalten. Nachdruck, auch auszugsweise, sowie Verbreitung durch Film, Funk, Fernsehen und Internet, durch fotomechanische Wiedergabe, Tonträger und Datenverarbeitungssysteme jeglicher Art nur mit schriftlicher Genehmigung des Verlags.

Bildnachweis
Titelbild: Studio L'EVEQUE Tanja und Harry Bischof (Styling und Fotografie); alle anderen: Klaus-Maria Einwanger

Programmleitung:
Doris Birk

Leitende Redakteurin:
Stephanie Wenzel

Projektleitung und Redaktion:
Alessandra Redies

Lektorat:
Margit Proebst

Korrektorat:
Susanne Elbert

Innenlayout, Typographie und Umschlaggestaltung:
independent Medien-Design, München

Satz:
Knipping Werbung GmbH, Berg/Starnberg

Herstellung:
Gloria Pall

Reproduktion:
Longo AG, Bozen

Druck und Bindung:
Printer, Trento

ISBN 978-3-8338-1061-9
1. Auflage 2008

Ein Unternehmen der
GANSKE VERLAGSGRUPPE